최윤식의
미래준비학교

최윤식의
미래준비학교
혼들림 없는 인생을 계획하는 5단계

지은이 | 최윤식, 최현식

1판 1쇄 발행 | 2016년 6월 27일
1판 2쇄 발행 | 2016년 6월 30일

펴낸곳 | (주)지식노마드
펴낸이 | 김중현
기획·편집 | 김중현
디자인 | 제이알컴
등록번호 | 제313-2007-000148호
등록일자 | 2007. 7. 10
서울특별시 마포구 동교동 204-54 태성빌딩 3층 (121-819)
전화 | 02) 323-1410
팩스 | 02) 6499-1411
홈페이지 | knomad.co.kr
이메일 | knomad@knomad.co.kr

값 15,000원

ISBN 978-89-93322-97-2 13320
Copyright ⓒ 최윤식, 최현식 2016
이 책은 저작권법에 따라 보호받는 저작물이므로 무단전재와 무단복사를 금지하며
이 책 내용의 전부 또는 일부를 이용하려면 반드시 저작권자와 (주)지식노마드의
서면 동의를 받아야 합니다.

* 잘못 만들어진 책은 구입하신 서점에서 교환해 드립니다.

주문·영업 관리 | ㈜북새통
전화 | 02) 338-0117
팩스 | 02) 338-7160

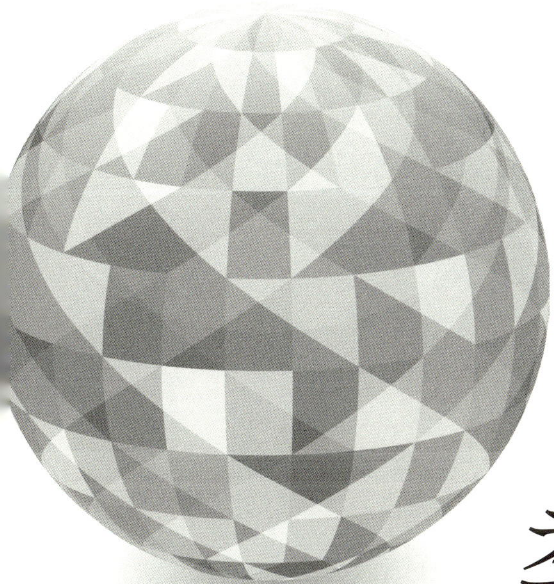

RE-DESIGN YOUR
FUTURES

최윤식의
미래준비학교

· 최윤식 최현식 지음 ·

Contents

들어가는 글 ▪6

chapter 1
모든 것이 달라질 미래, 생각이 차이를 만든다

앞으로 10년, 우리가 마주할 미래 ▪17
일자리 걱정, 본질을 직시하라 ▪22
현재 직업의 80%에 문제가 생긴다 ▪27
생각의 틀을 바꾸어야 한다 ▪32
미래의 변화를 통찰하자 ▪37
생각이 차이를 만든다 ▪43
가지 않은 길에 도전하라 ▪46
왜 다시 비전인가? ▪51

chapter 2
미래의 변화에서 내 삶을 바꿀 기회를 찾는다

나의 길을 찾는 3가지 비전 질문 ▪57
우리는 미래를 통찰=예측할 수 있다 ▪62
통찰력을 훈련하는 방법 ▪66
시대를 바꾸려면, 시대의 변화를 통찰하라 ▪71
나만의 미래지도를 만들자 ▪80
소명을 찾아 비전을 완성하라 ▪97
내 안에 있는 비전 역량 진단 ▪100
큰 나를 만드는 비전 자극 ▪105

chapter **3**

흔들림 없는 인생을 계획하는
비전 5단계

미래준비학교 ▪111
먼저 비전을 스케치한다 ▪113
내 손 안에 있는 것이 무엇인가? ▪116
특별한 비전은 오늘의 관심에서 시작한다 ▪124
내 안에 잠자는 거인을 깨워라 ▪128
미래에 유망한 비전을 선택하라 ▪132
비전의 터를 넓게 다져라 ▪136
비전 디자인, 좋은 선택과 결정의 시간 ▪141
비전 프레임, 비전이 성장하는 구조 ▪145
영적 직관력 훈련, 비전을 성장시키는 힘 ▪147
이성적 판단력 훈련, 비전을 완수하는 지혜 ▪151
비전을 정교하게 다듬어라 ▪168
진화하는 비전, 또 다른 가능성 탐색 ▪181
타겟팅, 내가 할 구체적 일을 정한다 ▪188
비전 선언문을 쓰자 ▪191
비전을 위한 재정 전략 모델을 개발하라 ▪197
비전 완수 역량을 키워주는 비전 훈련 ▪205
미래인재로서의 5가지 역량 훈련, SMART ▪212
Sense, 사물·현상에 대한 감각, 판단, 통찰력 ▪218
Method, 통합적·분석적 사고 능력과 체계적 업무 능력 ▪227
Art, 예술의 경지에 오른 장인의 지식과 기술 ▪238
Relationship, 집단지성을 만드는 대인관계 능력 ▪244
Technology, 최신 기술을 활용하는 기술지능 ▪248
비전 훈련은 언제까지 해야 하나? ▪253
훈련이 곧 비전 성장과 성취의 과정이다 ▪256
비전 재생산, 비전에 몰입한 사람의 최고 경지 ▪264

미주 ▪268

들어가는 글

필자는 6년 전부터 온 힘을 다해 다가오는 위기를 경고해왔다. 낡은 시스템을 혁신해야 앞으로 전개될 미래 산업 전쟁에서 위대한 도약의 기회를 잡을 수 있기 때문이다.

2017년 말~2018년 초 금융위기 거쳐 '한국판 잃어버린 10년' 간다.
2020년까지 아시아를 무대로 한 '신 금융전쟁'이 벌어진다.
2020년부터 사상 최고의 부를 둘러싼 '미래 산업 전쟁'이 시작된다.

하지만 우리는 위기를 막을 골든타임을 덧없이 흘려보냈다. 이제 시시각각 위기의 징후들이 현실로 나타나면서 우리 사회를 덮치고 있다. 그러나 위기란 도약하기 위해서는 조금 더 고통이 따르고 조금 더 노력해야 한다는 의미일 뿐 기회의 문이 완전히 닫혔다는 뜻이 아니다.

"개인은 다가올 위기에 대해 어떻게 대응해야 합니까?"

"인공지능과 로봇 등 미래 기술이 몰고 올 변화에 대해 무엇을 어떻게 준비해야 합니까?"

〈2030 대담한 도전〉을 비롯한 미래예측서를 집필하고 강연을 할 때마다 가장 많이 받은 질문이다. 답은 분명하다. 미래 변화에 대한 통찰력을 높이고, 내 손 안에 가지고 있는 자원을 더 소중하게 갈고 닦아서 실력을 높이는 것뿐이다. 대세 하락의 주식시장에서도 언제나 오르는 종목은 있고, 일본 경제가 잃어버린 20년의 대세 하락의 길을 걷는 동안에도 '유니클로'나 '도요타'처럼 도약하는 기업이 나온다. 단, 위기의 시기에는 미래 변화에 대비해 준비한 사람과 그렇지 않은 사람의 격차가 과거 그 어느 때보다 크게 벌어질 것이다. 경기가 좋을 때는 실력이 다소 부족해도 운 좋게 좋은 결과를 만들어 낼 가능성이 있지만, 위기의 시기에는 실력이 없으면 낮은 확률의 기회를 잡아서 내 것으로 만들 가능성이 로또만큼이나 낮아지기 때문이다.

> **어떻게 하면 미래의 기회를 잡기 위한 실력을 높일 수 있을까?**

개인들의 이 절박한 질문에 대한 답을 찾기 위해 필자는 '미래준비학교'를 열어서 개인들 스스로 자신의 미래를 계획하고 준비할 수 있도록 코칭 해왔다. 이 책은 지난 몇 년 동안 '미래준비학교'를 운영하면서 연구하고 실제로 적용하며 효과를 확인한 방법론과 프로세스를 정리한 것이다.

'미래준비학교'는 개인의 미래 대응 능력을 높이고, 궁극적으로 평생에 걸쳐 행복한 삶을 살 수 있도록 돕는 것을 목적으로 한다. 구체적으로는 다음과 같은 3가지 목표를 가지고 운영하고 있다.

첫째, 미래의 변화를 통찰하는 능력을 키워서 기회를 잡을 수 있도록 돕는다.

나의 미래를 바꾸고 싶다면 우선 나에게 다가오는 미래의 변화를 통찰해야 한다. 앞으로 우리가 경험할 미래 변화는 위기와 기회가 겹쳐서 오고, 반복적으로 오며, 변화의 속도가 갈수록 빨라질 것이다. 미래 변화를 통찰하려면 뉴스를 좇지 말고 그런 뉴스를 만들어내는 근원적 힘과 이치를 읽어야 한다. 그래서 미래준비학교에서는 정보에서 쓸모있는 지식을 뽑아내고, 지식을 지혜로 업그레이드하는 미래 통찰력 훈련을 강조한다.

둘째, 100세 시대에 맞는 생애계획을 세울 수 있도록 돕는다.

과거 농경사회에서는 한 직업을 가지고 여러 세대가 먹고살았다. 산업사회에서는 한 직업을 가지고 평생 먹고살았다. 그러나 혁명적인 신기술이 등장하고 산업이 새롭게 재편되며 변화의 속도가 몇 배 빠른 미래에는 평생에 걸쳐 5~10개의 직업을 갖게 된다. 과거의 패러다임으로는 100세 시대를 살 수 없다. 50~60대까지 벌고, 은퇴 후에는 여생을 즐기겠다는 패러다임으로 살다가 은퇴 시기를 맞은 지금의 베이비붐 세대가 은퇴 시기를 맞아 겪고 있는 당황스러운 상황을 보라.

여기서 깊게 생각할 점이 하나 있다. 역설적으로 여러 직업을 가지게 될수록 평생에 걸쳐 추구할 가치는 일관되어야 그 가치를 실현할 일에 헌신하고 몰입할 수 있게 된다. 헌신과 몰입을 통해 통찰력과 지혜를 닦을수록 빠른 변화에 대한 대응 능력도 높아지기 때문에 그만큼 직업적 성취와 경제적 성공 가능성도 커진다. 그 출발점을 필자는 비전이라고 생각한다.

셋째, 내가 평생을 추구할 '비전=시대의 가치 있는 소명'을 찾고, 내 손 안에 지금 가지고 있는 것에서 시작해서 비전을 완수하는 데 필요한 더 큰 역량을 훈련할 수 있도록 돕는다.

비전은 내가 행복해지고, 가족과 이웃을 행복하게 만들며, 세상을 이롭게 하는 나에게 주어진 소명이다. 여기에 시대의 변화라는 필터를 추가해야 한다. 미래준비학교에서 비전의 조건 중 하나로 미래 유망성을 중시하는 이유다. 물론 비전을 향한 출발점은 타고난 재능과 사회생활을 통해 쌓은 역량이지만, 미래의 변화 흐름 속에서 내가 추구하는 가치를 극대화할 수 있는 길을 찾아야 한다. 그것이 우리에게 주어진 생애에 걸쳐 세상에 가장 크게 기여할 수 있는 길이기 때문이다.

로켓에 올라타라 Get on a Rocket Ship.

페이스북 최고운영책임자 셰릴 샌드버그는 2012년 하버드 MBA 졸업식에서 이 말을 강조했다. 구글 입사 면접에서 더 높은 직책과 연봉을 원하는 그녀에게 구글의 에릭 슈미트 회장이 했던 말이다. 당장 직급이 낮고 보잘것없더라도 일단 로켓에 올라타면 나중에 회사가 로켓처럼 빠르게 성장할 때 함께 성장하게 된다는 뜻이다.

'시대의 가치 있는 소명=비전'이야말로 우리가 미래에 가장 빠르게 가장 높이 오를 수 있게 해주는 로켓이다. 흔히 가치와 비전을 얘기하면, 먼저 경제적 여유를 확보한 다음에나 생각할 문제라거나 또는 평생 가난하게 헌신해야 하는 것으로 오해한다. 잘못된 생각이다. 미래 통찰을 바탕으로 나만의 가치에 근거해서 세운 올바른 비전은, 비록 처음에는 불확실하고 작아 보일지라도 미래의 변화가 하나하나 눈앞의 현실로 나타날수록 힘이 세지고 더 커지면서, 나와 가족과 이웃과 세상을 행복하게 만들어줄 것이다.

 이 책에서는 '미래준비학교'의 커리큘럼에 따라 단계별로 핵심적인 내용과 방법론을 설명한다. 우선 나의 다양한 가능성을 개략적으로 알아보는 비전 스케치 단계에서 시작해, 생각을 확장할 수 있는 비전 자극을 거쳐 정교하게 비전을 완성하는 비전 디자인 단계를 설명한다. 그리고 비전을 완수하는 데 필요한 공통의 비전 역량을 살펴보고, 비전 역량을 강화하고 확장하는 훈련 단계를 거쳐, 비전을 체화해서 비전을 세상에 퍼뜨리는 비전 재생산의 최고 단계까지 나아간다.

 요즘 대한민국 사람의 머릿속을 사로잡고 있는 최대의 고민은 일자리 걱정인 듯하다. 2016년 1월, 다보스포럼은 '일자리의 미래'라는 보고서를 통해 "2020년까지 앞으로 5년 동안 인공지능, 로봇, 생명공학 등 미래 기술의 영향으로 일자리 500만 개가 사라질 것"이라고 발표했다. 많은 사람이 이 충격적 전망에 두려움을 느꼈지만, 필자는 역으로 이 보고서를 보며 우리가 앞으로 만들어 갈 수 있는 일자리가 최소한 500만 개나 있다는 희망을 보았다. 왜 그런가? 인류 역사에서 여러 차례 혁명적 기술이 발전하면서 새로운 산업이 등장했지만 일자리가 줄어든 적은 한 번도 없었다. 그때마다 과거의 직업이 사라졌지만, 결국 그 빈자리를 새로운 직업이 만들어져 채웠다.

　보고서는 구체적으로 700만 개의 기존 일자리가 없어지고, 새로운 일자리 200만 개가 등장할 것으로 전망했다. 이 수치를 정확히 해석해야 한다. 지금 우리가 가진 최고의 지식과 정보를 기준으로 볼 때 700만 개의 일자리가 사라질 것은 거의 확실하며, 또한 미래에 생길 새로운 일자리를 200만 개까지는 거의 확실하게 예측할 수 있다는 뜻이다. 따라서 보고서는 새로운 일자리 500만 개가 어떤 타이밍에 구체적으로 어떤 형태로 등장할지는 알기 어려우니, 그 불확실성에 대비해 미래를 준비해야 한다는 경고로 받아들여야 한다.

　지금 우리는 어떤 미래를 선택할지, 갈림길에 서 있다. 변화의 불확실성이 두려워서 확실한 200만 개의 좁은 문 앞에 줄서는 사람이 될 것인가, 아니면 500만 개의 미래 가능성에 도전해서 자기만의 미래를 만드는 사람이 될 것인가?

　다시 비전이다. 미래가 자신을 만들도록 내버려 두는 사람에게는 미래가 고통이지만, 스스로 미래를 만들어 나가는 사람에게 미래는 행복이 된다. 실제로 미래준비학교를 운영하면서 비전을 세워서 자그마하게라도 승리를 경험한 사람은 결코 돈만 좇는 과거의 삶으로 돌아가지 못함을 거듭 확인했다. 비전을 완수하려고 노력하는 과정을 통해 미래를 내가 만들어가는 즐거움을 경험했기 때문이다. 게다가 그들은 경제적으로도 훨씬 안정되고 행복하게 사는 모습을 보인다.

비록 부족하지만, 이 책이 모든 독자에게 '비전, 그 행복한 세계'로 들어가는 초대장이 될 수 있기를 기대한다.

2016년 6월

최윤식, 최현식

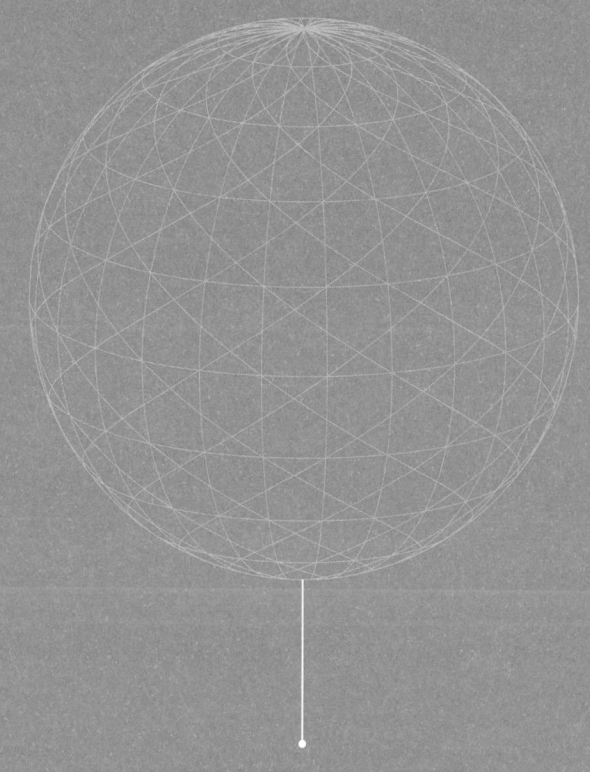

chapter 1
모든 것이 달라질 미래,
생각이 차이를 만든다

RE-DESIGN YOUR FUTURE

앞으로 10년,
우리가 마주할 미래

일자리 걱정, 미래 걱정이 다른 모든 삶의 문제를 압도하고 있는 듯하다. 무엇보다 좁은 문 앞에 줄 선 청년들이 좌절하고 있다. 대학만 졸업하면 좋은 직장에 쉽게 취직할 줄 알았는데 현실은 전혀 그렇지 않다. 일하고 있는 40~50대의 미래에 대한 걱정도 커져만 간다. 은퇴한 사람도 막막하다. 지금까지 쉽지 않은 50년을 치열하게 이겨내온 은퇴자들에게도, 앞으로 남은 50년은 막막할 뿐이다. 지금 한국은 모든 문제의 근본적 해결책이 일자리로 귀결되는 분위기다. 대한민국의 남녀노소, 도시와 농촌, 세대를 가리지 않고 모두가 고민 중이다. 생존의 위협 앞에서 봉사, 휴식, 비전 따위는 사치스런 단어가 되어 가고 있다.

어떻게 해야 하나? 우리나라가 지금보다 좀 더 잘살게 되면 일자리가 더 늘어날까? 한국의 1인당 GDP가 4만 달러를 넘는 미래가 되면 전 국민이 일자리를 걱정하지 않게 될까? 필자의 답은 "그렇지 않다!"이다.

1997년 IMF 구제금융위기를 겪은 이후 약 20년 동안 한국 기업은 크게 성장하고 경제 규모도 커졌다. 금융 회사들을 제외한 한국 2,000대 기업의 매출액은 2000년 815조 원에서 2010년 1,711조 원으로 2배 이상 증가했다. IT와 전자, 철강, 조선, 석유화학, 건설 등 한국의 주력 제조업은 글로벌 무대에서 일본, 미국, 유럽과의 치열한 경쟁에서 승리하면서 비약적으로 성장했다. 그런데 좋은 일자리는 크게 늘지 않고 주로 비정규직, 일용직 같은 불안정한 일자리만 늘었다. 더욱이 최근 들어 조선, 철강을 비롯한 주력 제조업이 중국의 추격에 흔들리고 있다. 일자리 사정이 앞으로 나아지기를 기대하기는 더 어렵다는 뜻이다.

비정규직 문제는 한국 경제 전반에서 심각한 수준에 이르렀다. 2011년 8월 기준으로 전체 임금근로자 1,751만 명 가운데 599.5만 명이 비정규직이었는데 계속 증가 추세를 보이며 2015년 8월 627.1만 명(전체 임금근로자 1931.2만 명)으로 늘었다.[1]

또한 2010년에 정부가 공식 발표한 청년실업률이 8.0%(전체 실업률 3.7%)로 사회에 큰 충격을 주었다. 그러나 이것은 시작에 불과했다. 2016년 2월 현재 청년실업률은 12.5%로 치솟아 사상 최고치를 기록했다.[2] 통계 수치보다 피부로 느끼는 현실은 더 심각하다. 청년 경제활동인구의 연령대인 15~29세 인구의 상당수가 고등학교, 대학교에 다니거나 군 복무 중이다. 요즈음은 대학교 졸업을 미루며 4학년을 몇 년째 다니는 청년들도 적지 않다. 이들은 청년실업률에 포함되지 않는다. 그리고 공무원 시험을 준비하는 청년을 포함한 '취업 준비자'(2015년 61만 명 추정)도 실업자가 아니다.[3] 취업이 어려워 대학이나 대학원에 진학하는 사람, 취업 준비자 등을 모두 포함하고, 아예 구직을 포기한 이들까지 고려하면 청년 체감실업률은

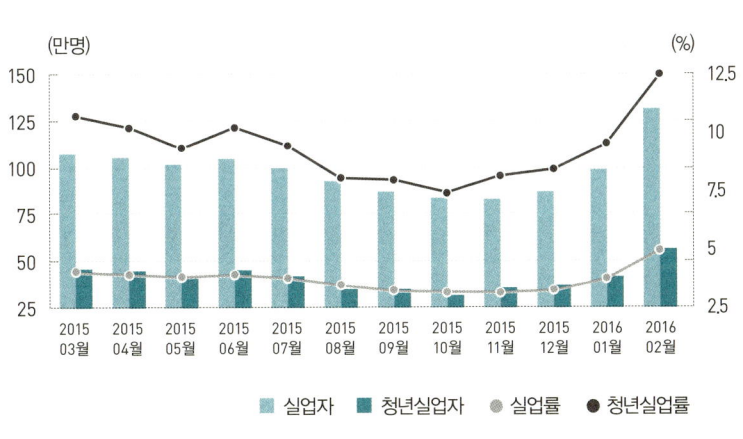

실업자 및 실업률 추이

자료: 금융감독원

20%가 넘는다는 분석도 있다.⁴ 이 수치는 2010년 유럽발 금융위기가 발생하면서 나라가 망하다시피 한 그리스의 청년실업률과 비슷한 수준이다. 2011년 9월 20일, 취업난을 겪는 대학생들을 유혹하는 다단계업체 고발기사가 사회에 충격을 주었다. 당시 한 언론사가 탐사 기획한 보도에 따르면 서울 송파구 거여, 마천 지구에만 무려 5,000여 명이 넘는 대학생들이 불법 다단계 합숙소에서 생활하고 있는 것으로 조사되었다.⁵

2011년에 영국을 비롯한 유럽을 강타한 폭동의 주요 원인도 청년실업이었다. 유럽연합 통계청에 따르면 당시 유럽연합 27개국의 15~24세 청년실업률은 20.5%였다. 스페인의 경우 청년실업률이 무려 45.7%에 이르러서, 일자리를 찾아 루마니아에서 밀려온 근로자의 유입을 일시적으로 제한하기로 긴급히 결정할 정도였다.

21세기 한국사회도 취업 문제가 가장 중요하고 시급한 과제가 되었다.

고용지표와 관련한 통계 용어 정의

실업률 통계가 현실을 반영하지 못한다는 비판이 많다. 이에 정확한 용어의 정의를 살펴본다. 통계청은 조사 대상 월의 15일 현재 만 15세 이상 인구 중 경제활동인구를 대상으로 고용지표를 조사하여 발표한다.

- **취업자**

  가. 조사 대상 주간에 수입을 목적으로 1시간 이상 일한 자

  나. 동일가구 내 가구원이 운영하는 농장이나 사업체의 수입을 위해 주당 18시간 이상 일한 무급가족종사자

  다. 직업 또는 사업체를 가지고 있으나 일시적인 병 또는 사고, 연가, 교육, 노사분규 등의 사유로 일하지 못한 일시 휴직자

- **실업자**

  조사 대상 주간에 수입 있는 일을 하지 않았고, 지난 4주간 일자리를 찾아 적극적으로 구직활동을 하였던 사람으로서 일자리가 주어지면 즉시 취업이 가능한 사람

- **청년실업률**

  청년실업률(%) = (15~29세 실업자 / 15~29세 경제활동인구) × 100

일자리 걱정,
본질을 직시하라

　청년만이 아니다. 한국의 가장들은 40대 후반부터 조기 퇴직의 압력을 받는다. 한국사회의 허리를 담당하는 40~50대의 은퇴 시기가 점점 빨라지며 가정의 경제적 기반이 흔들리고 있다. 일단 은퇴하면 재취업은 하늘의 별 따기처럼 어렵다. 그렇게 내몰려 자영업을 시작해도 5년 안에 열에 일고여덟은 망한다. 중년 자영업자들의 경우도 전 세계적인 경기 침체와 이미 포화 상태에 이른 생활밀착형 서비스 산업 현실 때문에 점점 더 빈곤의 늪으로 빠져들고 있다.

　남편이나 자녀가 일자리를 구하지 못하거나, 혼자 벌어서는 먹고살기 빠듯한 현실에서 여성들이 일자리를 찾아 나서고 있다. 그러나 남성 중심의 사회구조나 인식의 차이로 인해 여성들은 남성보다 턱없이 낮은 임금을 받는다.

20~30년 전에는 남편이 혼자 벌어도 온 가족이 먹고살았지만, 지금은 온 가족이 벌어도 중산층의 생활을 유지하기 힘들다. 월급이 오르는 속도보다 물가 상승률이 더 높아서 열심히 뛰어도 생활은 제자리다. 여기에 호환 마마보다 더 무서운 자녀교육비, 대학등록금, 주택비용이 온 가족의 어깨를 짓누르고 있다.

이처럼 돈에 끌려다니는 현실에 대한 해법을 찾지 못하면 많은 사람이 추락해서 빈곤의 늪에 빠지게 될 것이다. 통계청 자료에 의하면 2015년 기준으로 55~79세 인구의 61.0%가 장래에 일하기를 원했는데, 그중 57.0%가 생활비 보탬을 이유로 꼽았다. 이들의 일자리 선택 기준 중에서 '임금의 수준'은 2007년 45.2%였던 것이 2010년 32.8%, 2015년 23.2%로 낮아졌다.[6] 눈높이를 계속 낮추고 있다는 말이다. 은퇴 후에 구할 수 있는 일자리 대부분이 좋지 않은 일자리들인데, 그마저도 생존을 위한 경쟁이 점점 더 치열해지고 있기 때문이다. 고령자들이 겨우 얻은 일자리 대부분은 예전에 청년들이 하던 아르바이트 자리거나, 여성들이 하던 영역, 혹은 저소득층이 생존을 위해 붙들고 있던 일자리였을 가능성이 매우 크다. 60대 임금근로자의 66%가 비정규직이라는 노동연구원의 분석이 이런 현실을 보여준다. 하지만 고단해 보이는 지금의 현실에 감사해야 할지도 모른다. 앞으로 2028년까지 추가로 은퇴하게 될 1,200~1,300만 명의 1, 2차 베이비붐 세대가 이 경쟁에 합류하게 될 것이기 때문이다.

당장 대책을 세우지 않으면 우리를 기다리는 것은 '매일매일 새로운 행복의 경험'이 아니라 하루하루를 고단하게 살아야 하는 '경제적 비극'일 수 있다. 이미 비극의 서막이 시작되고 있다. 통계청의 2015년 8월 경제활동인구조사를 보면, 전체 비정규직 노동자 중 42.5%가 50대 이상이다. 그 비중도 10년 전과 비교하면 50대 15.6%→21.5%, 60대 12.2%→21.0%로 증가 추세다.[7] 2014년 현재 우리나라 65세 이상 노인의 빈곤층 비율은 50%로 34개 경제협력개발기구OECD 회원국 중 가장 높다. 빈곤율이 두 번째로 높은 호주(36%)와의 격차도 크며, 우리보다 먼저 고령화로 몸살을 앓고 있는 일본의 19%보다도 2.6배 높은 수준이다. 전체 평균 소득 대비 노년층의 평균 수익 비율을 산정한 노년층 수입 순위에서도 우리나라는 60%로 꼴찌였다(호주 67%, 프랑스 100%, 그리스 98%, 스페인 포르투갈 멕시코 이탈리아 96%).[8]

베이비붐 세대는 은퇴 이후 월 평균소득이 절반 이하로 떨어지고 은퇴자의 60%는 적자생활을 하는 것으로 추정된다. 더욱이 은퇴자의 61.2%가 은퇴 후에는 돈벌이를 하지 못하고 지출만 하고 있다.[9]

대한민국 40~50대 가장은 대부분 여전히 2~3명의 자녀와 아내를 돌보아야 한다. 부모를 모시고 취업하지 못한 장성한 자녀를 책임지는 경우도 적지 않다. 이들은 가족의 교육과 생계를 감당하느라 은퇴 준비를 하지 못한 경우가 대부분이다. 찬바람 앞에 선 가장들에게 50세 이후의 제2의 인생에 대한 꿈은 사치일 뿐이다.

심각한 것은 이런 문제를 단기간에 사회적으로 해결하기 어렵다는 점이다. 필자가 〈2030 대담한 미래(지식노마드, 2013)〉와 〈2030 대담한 도전(지식노마드, 2016)〉에서 예측한 것처럼 한국은 짧게는 10년, 길게는 20년 정도 경제적으로 힘든 시기를 통과해야 한다.

그 시기에는 한국 기업들의 미래도 바람 앞의 촛불처럼 위태롭다. 2030년까지 30대 그룹의 절반이 순위에서 탈락하거나 없어질 가능성이 크다. 이미 한국경제의 성장과 일자리 창출을 이끌었던 제조업 기업 역량은 성장의 한계에 도달했다. 고부가가치 산업과 미래 산업에서 견고한 진입 장벽을 치고 있는 선진국과 무섭게 우리를 추격, 추월하고 있는 중국 사이에서 넛크래킹의 늪에 빠진 한국 기업은 반복되는 글로벌 금융위기를 거치며 재무건전성이 더욱 나빠지고 있다.

저출산 고령화로 내수시장도 위축될 것이 불 보듯 뻔하다. 이 모든 부정적인 힘이 한국 기업의 사업 수익성 악화를 가속화할 가능성이 크다. 여기에 기업이 로봇과 인공지능 기술을 도입하여 공장이나 사무직 업무를 자동화함으로써 임금과 관리 부담을 더는 선택을 선호하면 자칫 고용 없는 성장 추세가 더욱더 강화될 수 있다. 심지어 생존을 위해 한국을 떠나는 대기업도 더 많아지면서 본격적인 제조업 공동화 현상이 나타날 수 있다.

일본의 경우, 1990년 이후 임금경쟁력을 갖춘 한국의 추격으로 글로벌 경쟁력이 약화하고 저출산 고령화의 충격이 현실로 나타나자, 많은 기업이 일본을 떠나 해외에 공장을 짓기 시작했다. 이렇게 될 경우 기업의 매출이나 순이익이 커지더라도 자국 내 일자리는 늘지 않는다. 참고로 미국에서도 2000년대 초반의 10년간 GDP는 19.5% 늘었지만, 일자리 증가는 '0'을 기록했고, 인구의 1/6이 빈곤층으로 전락했다. 같은 기간 미국의 청년고용률은 2차 세계대전 후 최저 수준인 55.3%까지 하락했다.[10]

현재 직업의 80%에
문제가 생긴다

　　　　　　　　　　미래를 향한 변화가 빨라지면서 위기의 전개 속도 역시 더 빨라질 것이다. 지식과 정보가 유통되는 속도가 빨라지면서 미래로 갈수록 더 빠른 속도로 시간과 공간이 압축되기 때문이다. 그에 따라 조직이나 회사의 수명도 과거보다 훨씬 빠르게 단축된다. 산업화 시대에는 기업의 평균수명이 30년이었고, 100년을 넘는 기업도 있었다. 20세기 후반 정보화 시대를 맞아 기업의 평균수명은 15~20년으로 줄었고, 미래에는 더욱더 짧아질 것이다.

　이를 개인 처지에서 보면 우리가 상상도 못 하던 일들이 우리의 직업 현장에서 벌어질 수 있다는 뜻이다. 알파고가 이세돌 9단을 이긴 사건은 그런 미래의 변화가 이미 시작되었음을 보여주는 전조일 뿐이다. 필자의 예측으로는 20년 이내에 현재 직업 중 80%가 소외될 수 있다. 소외된다는 말은 일부 직업은 사라지고, 대다수 직업은 새로운 산업, 기계화, 정보화 등에 인해 임금 수준이 급격히 낮아진다는 의미이다.

기존의 사고방식으로는 이런 직업 세계의 빠른 변화에 대처할 수 없다. 예를 들어 현재 좋은 일자리를 찾을 수 있는 능력의 중요한 원천인 지식과 정보 영역의 변화를 살펴보자. 지식은 그야말로 폭발적으로 증가하고 있다. 얼마 전까지 유전자 지도 하나를 그리는 데 1년이 걸렸으나 지금은 집집마다 가지고 있는 일반 데스크톱 컴퓨터로도 하루 동안 유전자 지도를 3만 번 이상 그릴 수 있게 되었다. 스마트폰이 등장하면서 사람들이 만들어 내는 정보의 양은 2010년 이후 급격히 늘고 있다. 2012년에 생산된 정보량이 2009년 대비 5배 늘어났다. 앞으로 10년간 최대 50배 이상 커질 것으로 예상한다.[11] 2020년이면 정보량이 44조GB에 달할 것으로 예상한다. 이것은 2013년 한 해 생산된 정보 4.4조GB의 10배에 해당하는 수치이자, 128GB 용량의 태블릿에 저장해 쌓아 올리면 지구와 달 사이 거리(253,704km)의 6.6배에 달하는 양이다.[12]

지식의 총량이 엄청난 속도로 늘어나는 것과 반비례해서 개별 지식의 유효수명은 짧아지고 있다. 특히 실용지식의 수명은 빠르게 단축되고 있다. 현재 우리가 알고 있는 실용지식의 수명은 3년밖에 되지 않는다. 대학의 전자공학과에 입학한 학생이 1학년 때 배운 지식 대부분은 졸업도 하기 전인 4학년이 되면 이미 낡은 지식이 되어 쓸모가 없어진다는 말이다. 1학년 때 배운 지식이 틀렸다는 게 아니다. 제품과 서비스의 변화가 빨라서 해당 업계의 앞선 기업들이 3년 전의 지식을 더 이상 사용하지 않게 된다는 말이다. 그래서 현장 근로자들은 2~3년 단위로 새로운 기술 지식을 배워야 한다. 그런데 우리가 이 속도에 대응하는 게 쉽지 않다.

의료계, 법조계, 금융계의 지식 근로자나 전문인도 예외가 아니다. 이세돌 9단을 이긴 구글의 '알파고', 미국의 퀴즈쇼 제퍼디에 출연해 인간을 이긴 IBM의 인공지능 '왓슨'의 미래를 상상해 보라. 전례와 판례 찾기 등 전문적 지식이라도 반복적이거나 데이터 검색과 분석을 기반으로 하는 수준의 일들은 머지않은 미래에 자동화되어 버릴 것이다.

월가에서 골드만삭스에 매일 정보 분석 보고서를 제공하는 인공지능인 '켄쇼見性'는 연봉 35~50만 달러를 받는 애널리스트가 40시간에 걸쳐 해야 할 금융 분석 보고서를 불과 몇 분 만에, 훨씬 광범위한 데이터를 분석해서 정확하게 내놓는다. 미국의 대형법무법인과 보험사 상당수를 고객으로 두고 있는 법률분석회사 피스컬노트는 미국 의회와 정부 데이터에 인공지능 기술을 접목해서 입법과 법령 관련 정보를 실시간으로 제공한다. 연방 정부와 주 정부의 모든 법안과 규제는 물론 상하원 의원들의 영향력 정보까지 알 수 있으며, 상정된 법안의 의회 통과 가능성까지 예측하는데 정확도가 94%에 달한다고 한다.[13]

10년 안에 현재 지식 근로자들이 가지고 있는 지식 관련 업무의 대부분은 인공지능 컴퓨터가 해결해 줄 수 있다. 지식과 기술 발전 속도는 상상을 훌쩍 뛰어넘고 있다. 미리 대비하지 않으면 우리의 직업과 삶을 집어삼킬 것이다. 인류는 이미 산업시대부터 인간의 근력을 자동화하면서 경제를 발전시켜 왔다. 지금도 공장에 가면 수많은 기계적 로봇들이 있다. 그런 기계들이 하나씩 들어올 때마다 인간의 근력이 기계적 로봇으로 대체되었다. 앞으로 20년 동안에는 연산컴퓨터, 인공지능 컴퓨터, 로봇 등의 기술이 획기적으로 발전하면서 인간의 근력과 두뇌를 자동화하는 시기가 될 것이다.

미국 최대의 미래전략연구소인 랜드연구소REND corp.는 미래 일자리를 바꾸는 두 가지 결정적인 요인으로 빠르게 발달하는 과학기술과 단일화되는 세계를 꼽았다. IT, 생명공학기술, 나노기술, 인공지능, 로봇 등의 첨단 과학기술에 의해 새로운 필요 산업이 생겨나면서 새로운 노동력 수요가 만들어지겠지만, 동시에 첨단 과학기술에 의해 대체되는 기존 노동력도 많아질 것으로 예측했다. 예를 들어 음성 인식 기술 및 동시통역 기계의 개발로 인해 일정 수준 이하의 동시통역사나 여러 노동 집약적인 서비스 업종은 컴퓨터나 기계에 일자리를 빼앗기고, 단순 근력 업무나 단순 지식 업무는 인공지능과 움직이는 로봇으로 대체될 것으로 전망했다.

하루가 다르게 획기적인 기술이 등장하면서 지난 기술은 무료이거나 아주 저렴한 가격에 사용할 수 있게 된다. 컴퓨터 성능은 최초의 컴퓨터보다 수십만 배 이상 좋아졌지만, 가격은 수십만 분의 일로 저렴해졌다. 지난 100년간의 기술 발달은 인류가 탄생한 이래 수십만 년의 역사 전체를 통해 이룬 기술 발달을 뛰어넘는 수준으로 진보했다. 그러나 전문가들은 지금 인류가 기술 발달 속도가 기하급수적으로 빨라지는 '곡선의 무릎Tipping Point'에 진입했다고 평가한다. 앞으로 기술 발달 속도가 더 폭발적으로 빨라진다는 말이다. 지난 100년 동안 이루었던 모든 것을 20년 만에 이룰 수 있고, 그만큼의 발전을 다시 14년 만에, 그 다음에는 7년 만에 해낼 수 있게 된다는 뜻이다.

이 같은 기술 발달이 나에게, 나의 직업에, 나의 미래에 어떤 영향을 미칠까? 놀라운 미래 변화는 생각보다 일찍 이미 우리 곁에서 시작되었다. 우리도 변해야 한다. 변화하지 않으면 직장을 잃거나 지금보다 적은 월급을 감수하고 노동력을 제공해야 하는 시대가 시작될 것이기 때문이다. 우리는 어디서 그 해답을 찾아야 할까?

생각의 틀을
바꾸어야 한다

우리는 미래 기술의 발달에 따른 충격 외에 수명을 다한 한국 성장시스템의 한계라는 문제까지 한꺼번에 맞고 있다. 필자의 예측으로는 기존 산업의 성장 한계 봉착, 종신 고용 붕괴, 저출산과 고령화, 가계부채 증가, 정부의 재정적자 심화, 부동산 거품 붕괴 등으로 한국경제와 한국 기업의 위기는 앞으로 10~20년간 지속할 것이다. 특히 빠른 고령화와 조기 은퇴 추세는 청년 세대와 장년 세대 사이의 심각한 일자리 갈등과 충돌을 예고하고 있다. 우리보다 앞서 이런 문제들에 직면했던 일본도 시스템적 문제들을 제대로 풀지 못해서 '잃어버린 20년'을 보냈다. 필자가 〈2030 대담한 미래〉에서 분석했듯, 우리나라가 직면한 시스템의 문제들은 신흥국에서 선진국으로 넘어가기 위해서는 반드시 풀어야 하는 문제들로서 미국을 비롯한 선진국도 공통으로 겪은 문제들이다. 이 충격을 정확히 이해하는 것이 매우 중요하기 때문에 필자의 설명을 다시 요약해 소개한다.

미국은 이 문제를 어떻게 풀어나갔을까? 미국은 기존 산업의 한계는 금융업으로 치고 나갔다. 종신고용의 붕괴는 노동의 유연성으로 풀었다. 저출산 문제에 대처하기 위해 이민을 받아들여서 출산율을 2.1명으로 끌어올렸다. 경제성장률의 저하는 외국에서 막대한 자원을 들여 인재를 영입해서 노동의 질 향상으로 풀어냈다. 고령화는 아직 숙제로 남아 있지만, 다른 나라에 비해 잘 풀어가고 있다. 재정적자 심화는 최근에 불거진 문제가 아니다. 1970~80년대에도 미국은 재정 문제를 겪었다. 그러나 전략으로 해결했다. 미국이 가진 기축통화와 국제적 힘이라는 엄청난 무기를 전략적으로 이용한 것이다.

EU도 이런 문제들을 안고 있다. 그리스와 스페인의 재정적자 문제로 불거진 유럽연합의 현재 위기도 정확하게 말하자면 이 시스템적 문제들이 근본적인 원인이다. 이 문제들을 풀려고 하다 엄청난 재정적자를 만들어 냈다. EU는 이 문제를 풀기 위해 앞으로도 많은 희생을 치러야 한다.

일본도 1992년부터 이런 문제에 직면했다. 그전까지 일본의 국가 부채는 GDP의 34%였다. 지금은 GDP의 230%를 넘어섰다. 여기에 2008년 기준 GDP의 149%에 이르는 기업부채와 75%를 넘는 가계부채를 합치면 전체 부채는 GDP의 454%를 넘는다. 2013년 상반기에 대략 500%를 넘었으리라고 추측한다. 그래서 일본의 미래는 미국과 중국보다 더 위험하다. 2012년 4/4분기부터 시작된, 무한정으로 돈을 푸는 '아베노믹스'의 결과로 일본의 부채는 더욱더 늘어났을 것이다. 아베가 2년 동안 푼 돈만 1,500조 원(132조 엔)이었다. 이 돈이 모두 정부의 빚으로 쌓였기 때문이다.

이 정도면 부도가 나는 것이 정상이다. GDP 대비 부채 비율이 그리스는 115%, 스페인은 71%가 넘는 수준에서 문제가 생겼다. 그런데 일본은 230%까지 치솟아도 문제가 되지 않았다. 어떤 비밀이 있을까? 그리스, 스페인 등은 국채를 발행해서 다른 나라에서 돈을 빌려 왔지만, 일본은 정부가 발행한 국채를 일본 금융기관과 개인이 대부분 사주었다. 그래서 문제가 터지지 않은 것이다. 엄청난 양의 부채 문제를 자기 집안에 안고 있는 셈이니 대외적인 압박에 시달릴 일이 상대적으로 적다.

2012년 기준으로 일본 정부 빚의 91%를 일본의 금융기관들이 떠안고 있다. 다른 나라들은 국가부채의 약 30~50% 정도를 외국에서 빌려 온다. 그런데 현재 일본은 9% 정도만 외국에서 빚을 얻어온

> 상황이다. 그래서 부채가 많아도 실질적으로는 안전하다고 착각하게 된다. 현재 일본의 외국 부채 의존도가 점점 높아지고 있다. 게다가 부채의 총량도 늘어나고 부채의 질도 나빠지고 있다. 이제 전 세계가 착각에서 깨어날 날이 머지않았다.[14]

한국이 직면할 미래가 바로 과거의 미국, 현재의 EU와 일본이 직면하고 있는 상황이다. 그래서 한국이 낡은 시스템의 혁신에 성공해서 다시 일어서든 그렇지 못하고 일본처럼 '잃어버린 20년'에 빠져들든 상관없이 최소 10년은 일자리 부족 문제를 풀 뾰족한 수가 없을 것이다. 정치인들이 앞다투어 일자리 확대 대책을 내놓지만, 이런 상황의 제약 때문에 우리 피부에 와 닿는 효과를 얻기는 힘들 것이다. 정부나 정치인들이나 개인이 최선의 노력을 하더라도 단기간에 일자리 문제를 풀기 어렵다는 말이다.

이런 상황에서 공공기관이든 민간기업이든 일자리 경쟁은 해마다 더욱 치열해질 것이다. 인기 있는 일자리는 수십 대 일, 수백 대 일의 경쟁률을 보이게 될 것이다. 일류대학을 졸업한 청년들도 이 경쟁을 벗어나지 못한다.

그러면 취업 대신 창업은 어떨까? 한국은 생활밀착형 서비스 산업(도소매업, 음식업, 숙박업 등)에 종사하는 자영업자의 비중이 OECD 평균의 2배가 넘는다. 이 수치의 의미는 간단하다. 한 사람의 자영업자가 먹고살 수 있는 시장을 두고 두 사람이 경쟁한다는 뜻이다. 아무리 열심히 일해도 투자금 회수는 고사하고 생활비조차 벌기 어렵다는 의미이다. 그래서 창업 후 5년 안에 망할 확률이 80%다. 정부는 기술이나 아이디어를 활용한 창조경제형 벤처 창업을 대안으로 제시하지만 쉽지 않으며, 오히려 스펙 쌓기로 전락하는 부작용마저 속출하고 있다. 한마디로, 취업이든 창업이든 최소한 10년 동안은 쉽지 않다.

그럼 어떻게 해야 할까? 기존의 틀 안에서는 답이 없다. 무엇보다 어려운 현실을 받아들여야 한다. 앞으로 10년 정도는 점점 줄어드는 좋은 일자리, 늘어나는 비정규직과 일용직, 갈수록 심해지는 세대 간의 일자리 경쟁, 우리에게 익숙한 직업과 일자리들이 사라지는 추세를 객관적으로 받아들이는 데서 시작해야 한다.

미래의 변화를
통찰하자

안 되는 것은 안되는 것이다. 안 되는 것에 매달리느라 내 인생에서 가장 소중한 시간과 에너지를 낭비하지 말아야 한다. 취직이나 창업을 포기하라는 말이 아니다. 취직이나 창업에 도전할 때 기존의 방식을 과감하게 내려놓으라는 말이다.

안 되는 것도 알고 취직이든 창업이든 낙타가 바늘귀를 통과하기만큼 어렵다는 것도 알았다. 그러나 많은 사람이 좋은 직장인지, 내게 맞는 직장인지, 내가 하고 싶은 일인지 따져보는 것은 사치스런 일이라 생각하며 일단은 눈앞의 생존을 위해 어떻게든 취직하는 것이 우선이라고 말한다. 망할 가능성이 큰 줄 알지만, 앉아서 죽느

니 무엇이라도 시도해야 한다는 절박한 심정으로 창업의 문을 두드린다.

아르바이트 120만 원에 월세와 학자금 대출 상환금 빼고 월 30만 원으로 사는 청년들이 수두룩한 현실에서 생존을 위해 무엇이라도 시도할 수밖에 없다. 필자가 현실의 어려움을 냉정하게 인정하자는 것은 포기하자는 말이 아니다. 다급하다고 무작정 뛰지 말고 먼저 생존 가능성을 가장 높일 방법을 찾는 데 우리의 소중한 시간과 에너지를 투자하자는 말이다. 우리게 주어진 시간은 제한되어 있으니 일분일초도 허투루 낭비하지 말아야 한다. 그러기 위해서는 아주 냉정하게 현실을 진단하고, 정확하게 판단한 후에 행동에 나서야 한다.

21세기 한국의 현실은 20세기보다 어려워졌다. 그래서 현실의 절망적 상황을 받아들이고 눈높이를 낮추라고 말하는 이들이 있다. 반대로 이대로는 더 이상 희망이 없으니 뒤집어엎어야 한다고 선동하는 이들도 있다. 그러나 양극단의 어느 주장도 틀렸다. 우리 앞에 놓인 미래는 포기할 만큼 절망적이지 않다.

인류 역사상 흔치 않은 위대한 기회의 대이동이 시작되고 있기 때문이다. 큰 부자가 되거나 화려한 학벌이나 직장을 얻지 못하더라도 인생을 행복하게 살 길은 충분히 찾을 만큼의 다양한 기회가 열릴 것이다. 그 기회를 내 것으로 만들려면 생각을 바꾸어야 한다. 살

만한 세상, 행복한 인생을 만들기 위해서는 이제부터라도 가망 없는 길을 버리고 새로운 길을 찾아야 한다. 다르게 생각하고 다르게 행동해야 한다. 공공기관이나 민간기업에서 해답을 찾으려 하지 말고 자신에게서 해답을 찾아야 한다. 정치인, 정부 관료의 말이나 정책에서 해답을 찾으려 하지 말고 내 안에서 해답을 찾아야 한다. 지금까지 했던 방식에서 해답을 찾으려 하지 말고 미래를 통찰하는 데서 새로운 해답을 찾아야 한다.

다르게 생각하는 첫걸음은 막연히 시간이 지나면 괜찮아지지 않을까 하는 헛된 기대를 버리고 세상의 변화를 냉정하게 바라보는 것이다. 그리고 내 능력을 냉정하게 평가해 보아야 한다. 냉정하게 평가한 나 자신에서 출발해서 꾸준하게 한 방향으로 나아갈 수 있게 해줄 나의 '나침반'을 만들어야 한다. 내 인생의 행복을 만들어 줄 '목적지'가 무엇인지 생각해 보아야 한다. 명확하게 목표를 정하고, 따뜻한 햇볕을 돋보기로 한 점에 모아 불을 일으키듯 목표를 향해 내가 동원할 수 있는 모든 에너지를 하나로 모아 강력하게 만들어야 한다. 100세 인생이다. 당장은 조금 더 고생할 각오를 하자. 그리고 1~2년을 투자해서 더 멀리 보고 미래의 행복을 위한 근본적인 해결책을 만드는 일을 시작하자.

장기적인 전망을 생각해보지 않고 당장 급한 불을 끄기 위한 목적으로만 취직하거나 창업하는 것은 근본적인 해결책에 대한 고민을 몇 년 미루는 것일 뿐이다. 청년이 어떻게든 취직하고 나서 10~20년이 지나 40~50대가 되었다고 생각해 보자. 지금보다 더 늦은 나이에, 더 늦은 타이밍에, 선택 가능성은 더 줄어든 열악한 상황에서 같은 고민을 하게 될 것이다. 종신고용이 무너진 상황에서 50대 후반이나 60대에 은퇴했다고 생각해 보자. 앞으로 남은 30~40년을 어떻게 살아야 할까 고민하게 될 것이다. 지금보다 몇 배 더 고통스러울 것이고 가능성은 훨씬 줄어들 것이다. 이것이 현실이다. 더 늦기 전에 근본적인 해결책을 스스로 만들고 미래를 설계하자. 누구도 대신해주지 않는다.

　미래는 부정적으로 봐도 안 되지만 긍정적으로 봐도 안 된다. 미래는 객관적으로 봐야 한다. 객관적으로 본다는 것은 감정을 담지 않고 있는 그대로 본다는 뜻이다. 우리가 긍정의 힘을 발휘해야 할 곳은 미래 인식에서가 아니라 미래를 대하는 태도의 영역에서다. 다가올 미래가 위기라고 두려워하지 말고 내가 돌파할 수 있는 내 역량 안에서 해법을 전략적으로 찾아야 한다. 혼돈의 시기, 위기의 시기에 외부에서 누군가가 나를 건져줄 것이라는 생각을 버리고, 내 힘으로 미래 변화의 파도를 타면서 기회를 잡을 수 있는 근본적인 해답을 찾아야 한다. 이것이 진정으로 미래를 긍정적으로 보는 태도이다. 남에게 의지하지 말고, 당장은 어렵더라도 시간이 갈수록 단단해지는 길을 선택해야 한다. 언제 무너질지 모르는 모래 위에

성을 쌓지 말고, 시작은 미약하고 더디고 불편하더라도 갈수록 단단하고 행복해질 수 있는, 100세 시대를 견딜 나만의 성을 쌓는 길을 찾아 과감하게 결단해야 한다. 눈앞의 고통을 이겨내고 미래의 행복을 선택할 수 있는 용기를 내야 한다.

냉정하게 생각한다는 것은 깊이 생각한다는 것이다. 소크라테스는 "깊이 생각하지 않으면 동물에 가깝다"는 유명한 말을 남겼다. 정보통신 혁명을 이끈 최고의 스타였던 빌 게이츠나 스티브 잡스 모두 기술과 새로운 지식에서 최고가 아니라, 시대 변화의 핵심을 읽는 데서 최고였음을 기억하라. 그들은 새로운 기술을 발명한 것이 아니라, 사람들의 필요, 결핍, 아픔을 읽고 그것을 새로운 기술을 이용해 해결할 방법을 발명한 사람들이었다.

자신의 인생과 미래에 대해서 숙고하는 것이란 무엇일까? 스스로 답을 찾을 수 있도록 생각하는 힘을 기르는 것이다. 생각하는 힘을 기르고 냉정하게 생각하는 시간을 갖는 것이 중요하다. 생각하는 힘은 도전의 방향을 잡아 주고, 도전은 성숙과 성장의 에너지가 되기 때문이다. 생각, 도전, 발전과 성장은 우리에게 행복을 선물로 돌려준다. 모든 것은 깊은 생각, 좋은 생각, 주체적 생각에서 시작된다. 생각은 발전을 가져오고, 발전은 다시 생각을 더 날카롭게 한다. 날카로운 생각은 또 다른 도전을 가능케 하는 선순환으로 이어진다.

인간의 뇌도 도전하는 영역에서 발전한다. 승자의 뇌는 승리의 쾌감을 기억하기 때문에 계속 발전한다는 것을 승자효과~Winner Effect~라고 한다. 아일랜드의 인지신경과학자 이안 로버트슨은 '아카데미상 수상자가 후보에만 오른 사람에 비해 평균적으로 4년을 더 살았다'는 사실을 발견했다. 오스카 트로피가 냉혹한 영화계에서 자아에 대한 영속적 통제감, 안전 신호를 줬기 때문이다. 작은 성공을 거두어본 사람일수록 더 크게 성공할 가능성이 크고, 많이 이겨본 사람이 잘 이긴다. 승리가 인간의 뇌를 바꾸기 때문이다. 바뀐 뇌는 또 다른 승리 가능성을 높인다. 승리의 경험은 사람의 뇌 속의 화학적 상태를 바꾼다. 승리의 경험은 쾌락·즐거움을 느끼게 하는 호르몬인 도파민을 증가시킨다. 더 나아가 그 사람이 다른 사람을 대하는 태도와 인생관까지 바꾼다.[15] 우리가 생각하고 도전해야 하는 이유다.

냉정해지기로 다짐했다면, 가장 먼저 할 일은 세상의 변화를 통찰하는 것이다. 세상의 변화를 통찰해야 내가 할 수 있는 일이 무엇인지를 정확하게 찾을 수 있다. 세상에서 일어나는 사건들의 현상만 뒤쫓지 말고, 그 이면에 흐르는 변화의 힘과 방향을 통찰해서 미래의 길목을 지켜야 한다.

생각이 차이를
만든다

뛰기 전에 먼저 생각해야 한다. 큰 변화의 시기일수록 침착하고 냉정하고 깊게 생각한 다음 행동해야 한다. 세상이 크게 방향을 바꿀 때는 우리에게 익숙했던 모든 것이 달라지기 때문이다.

세상을 통찰하면서 어디가 올바른 방향이고, 무엇이 내 인생을 헌신할만한 가치가 있는 것인지를 냉정하게 생각해야 한다. 특히 20대 젊은이들은 더 신중해야 한다. 인생에서 가장 중요한 20대의 10년을 허비할 수 있기 때문이다. 공부를 시작하기 전에 무엇을 공부해야 할지 신중하게 생각해야 한다. 공부의 목적이 월급 많이 주고 고용 안정성이 높은 직장에 취업하는 것이어서는 안 된다. 실제로 청년 취업 대란 속에서 어렵게 취직에 성공한 대졸 신입사원 4명 중 1명이 1년 이내에 퇴사한다.[16] 가장 큰 퇴사 이유가 '직무가 내 적성에 맞지 않아서'이다. 일단 스펙에 맞춰 어떻게든 취직한 청년 중 많은 사람이 취직한 다음에야 내게 맞는 직업이 뭔지를 고민한다는 말이다. 사표를 내지 않은 청년 중에도 같은 고민으로 갈등하는 사람이 적지 않을 것이다. 그들은 아마 40~50대 들어서 남은 50년을 어떻게 살아야 하나 고민하는 당황스러운 인생을 맞을 가능성이 크다.

내 인생을 헌신할만한 가치 있는 일, 100세 인생에 가장 큰 행복감을 느낄 수 있는 일이 무엇인지를 고민하라. 그런 고민의 과정을 거쳐 목표를 정한 다음에 공부를 시작해도 늦지 않다. 오히려 100세 인생 전체를 생각하면 가장 빠른 지름길을 찾게 될 것이다. 올바른 방향을 찾는 데는 그리 오랜 시간이 걸리지 않는다. 6개월에서 1년 정도면 충분하다. 5~10년 동안 공부하고 준비한다고 했을 때, 6개월이나 1년은 그리 큰 시간이 아니다. 6개월~1년을 투자해서 인생을 헌신할만한 가치 있는 일을 찾는 데 투자하면 나머지 5~10년의 공부 시기와 그 이후의 모든 행동의 효과성을 극대화할 수 있다.

가치를 강조한다고 해서 성공, 좋은 직장, 돈, 명예, 권력, 승진 등을 포기하라는 말이 아니다. 문제는 이런 것들에 지배당하는 생활이다. 얼마나 벌까, 무엇을 입고 무엇을 먹을까 하는 것만 생각하고, 이런저런 현실의 이유를 들어 내 인생을 헌신할만한 가치 있는 일을 포기하는 태도를 버려야 한다. 평균수명 50~60세 시대에는 이런 태도로도 그럭저럭 괜찮은 인생을 살 수 있었을지 모른다. 그러나 돈과 물질만을 좇아서는 100년을 잘 살기가 거의 불가능하다. 재미도 없고, 행복하지도 않고, 결정적으로 물질적인 생존 가능성마저 더 낮춘다.

이제 순서를 거꾸로 뒤집어야 한다. 먼저 인생을 헌신할만한 가치 있는 일을 선택해서 추구하라. 그러면 그것에 걸맞은 돈, 명예, 권력, 지위는 따라온다. 물질적인 것이 크든 작든 좋은 가치를 선택했기 때문에 만족도가 커진다. 이런 태도가 돈이나 물질에 지배당하지 않는 삶의 태도이다. 잊지 마라. 무엇을 먼저 생각하고 무엇을 먼저 하느냐에 의해 인생이 바뀐다. 멀리 보면서 중요하고 가치 있는 일을 먼저 생각하라.

가지 않은 길에
도전하라

　　　　　　　　　　도전하지 않으면 아무것도 얻을 수 없다. 이 진리는 21세기에도 바뀌지 않는다.

　미국 메릴랜드에 사는 15살 소년, 잭 안드라카 Jack Andraka는 가족처럼 생각하던 아저씨 '테드'를 췌장암으로 잃었다. 잭 안드라카가 의사에게 들은 말은 "좀 더 빨리 발견했더라면…"이라는 한 마디였다.

　췌장암은 사망률 95%, 평균 생존 기간 3~6개월밖에 되지 않는 절망의 암이다. 환자의 85%는 말기가 되어야 발견된다. 재발 확률도 아주 높다. 스티브 잡스도 췌장암 재발로 사망했다. 스티브 잡스는 자신의 유전자 전체를 수억 원을 들여 분석했지만 결국 표적치료제를 찾지 못했다. 현재 의사들은 췌장암에서 생존하기 위한 거의 유일한 방법은 치료가 아니라 빠른 발견에 달렸다고 본다.

안드라카는 의문이 생겼다. "현대 의학이 이렇게 발전했는데, 왜 췌장암을 조기에 발견하지 못하지?" 췌장암으로 가족이나 사랑하는 사람을 잃은 사람은 대부분 슬프고 가슴 아픈 사건으로만 기억한다. 잭은 슬픔에만 머무르지 않고 한 걸음 더 나아갔다. 의문을 가졌다. 인터넷에서 정보를 찾기 시작했다. 그리고 충격적 사실을 발견한다. 화성에 인류를 정착시킬 계획을 세우고, 인공지능과 로봇, 자율주행 자동차 시대를 열어가는 21세기에 사용하는 췌장암 진단법이 무려 60년 전에 개발된 구닥다리였다. 진단 성능도 좋지 않았다. 30%의 정확도, 14시간의 검사 시간, 800달러에 이르는 검사비. 어처구니없었다. 암담하고 충격적인 현실을 맞닥뜨린 잭은 다시 한 걸음을 더 나갔다. 도전을 선택했다.

"췌장암을 진단하기 위한 더 좋은 방법은 없을까?" 잭은 인터넷이라는 엄청난 정보의 보고寶庫로 달려갔다. 그리고 암에 걸리면 특정 단백질이 혈액에서 증가한다는 사실을 알게 되었다. 잭은 췌장암에 걸릴 경우에 증가하는 단백질을 찾으면 진단 속도와 성능을 높일 수 있다는 아이디어를 떠올렸다. 하지만 생각만큼 간단한 문제가 아니었다. 인간의 혈액 속에 있는 단백질은 그 종류가 매우 많았다. 췌장암과 관련된 단백질만 8,000종류였다. 그중에서 한가지 단백질의 미세한 변화를 찾아내는 것은 거의 불가능에 가까웠다.

그 이유로 60년 동안 췌장암 진단 기술이 발전하지 못한 것이다. 그러나 15살 소년 잭은 포기하지 않았다. 성공 확률이 0.001%도 안 되는 도전을 계속했다.

"내가 더 나은 진단법을 반드시 찾아낼 거야." 잭은 수많은 논문을 읽었다. 3개월의 방학 기간 내내 수많은 단백질을 하나하나 분석했다. 계속 실패했다. 무려 4,000번째 도전에서 췌장암, 난소암, 폐암에 걸리면 증가하는 단백질 '메소텔린'을 찾아냈다. 15살 소년에게는 기적 같은 일이었다. 하지만 더 큰 난제가 나타났다. 혈액 속에 있는 수많은 단백질 중에서 '메소텔린'만 인식할 도구를 찾아야 했다. 개학 이후에도 잭은 연구에 몰입했다. 더 많은 논문을 읽었다. 그러던 중 생물 시간에 몰래 읽던 과학 논문에서 탄소 나노 튜브를 알게 되었다. 그리고 문제를 해결할 새로운 아이디어 하나를 떠올렸다.

"탄소 나노 튜브에 특정한 단백질에만 반응하는 '항체'를 엮으면 한 단백질에만 반응하는 센서를 만들 수 있겠다!" 잭은 본격적인 연구를 위해 존스홉킨스 대학의 전문가 200명에게 메일을 보냈다. 하지만 결과는 참담했다. 199명이 잭의 아이디어가 실패할 수밖에 없는 이유를 친절하게(?) 가르쳐주었다. 단 한 사람, 마이트라 박사가 다른 답장을 보내주었다. "어쩌면_{Maybe} 가능할 수도 있지 않을까"라는 문구의 메일이었다. 가장 희망적인 전문가의 답변조차 '어쩌면'이라는 막연한 가능성을 언급하는 수준에 불과했다. 그러나 잭은 지푸라기라도 잡는 심정으로 500편 이상의 논문을 더 읽고 철저히 준비한 뒤 박사를 찾아갔다. 마이트라 박사를 어렵게 설득한 끝에 잭은 작은 실험공간을 얻었다.

실험실에서 잭이 처음으로 깨달은 것은 완벽한 듯 보이는 자기 아이디어가 실은 허점투성이라는 점이었다. 199명 전문가의 지적이 타당하다는 사실을 확인했다. 하지만 잭은 포기하지 않았다. 매일 학교가 끝나면 실험실로 달려갔다. 생일, 주말, 연휴도 반납하고 연구에 매달렸다. 10대 청소년이라고는 믿기 힘들 정도의 집념으로 실험실에서 쪽잠을 자면서 미친 듯이 연구에 매달렸다.

그로부터 7개월 뒤의 어느 날 기적이 일어났다. 마침내 췌장암을 진단하는 센서를 만들어낸 것이다. 잭이 만들어낸 새로운 진단 센서는 혁신적이었다. 검사는 아주 간단해서 검사 시간 5분, 검사 비용 단돈 3센트면 충분했다. 60년간 사용했던 기존의 진단 방식과 비교하면 168배 빨랐다. 가격으로는 2만 6,000배 저렴했다. 성능은 400배 더 민감했고 정확도는 거의 100%였다. 더 놀라운 사실이 있다. 잭이 개발한 새로운 진단법은 췌장암뿐 아니라 폐암, 난소암에도 적용된다. 심장병, 말라리아, 에이즈 등의 질병에도 응용할 수 있다.

지어낸 우화가 아니다. 2012년 잭은 자신이 개발한 췌장암 조기 진단 기술로 세계 최대 청소년 과학경진대회인 인텔 ISEF에서 우승

했다. CNN, CBS 등 수 많은 언론과 인터뷰를 했다. 오바마 대통령의 초청으로 백악관을 방문했다. 2014년에는 서울 디지털 포럼에서 연설도 했다. 현재 잭은 20살이다. 20살이 된 잭은 이렇게 말한다.

"사실 힘들었던 때가 너무 많았습니다. 실험실에 숨어 몰래 울었어요. 몇 달 동안 실험실에서 한 것이라곤 바닥에 얼룩을 남긴 것뿐이었거든요."

"저는 그때, 15살에 불과했고 췌장이 뭔지도 몰랐고 암에 대해선 완전 문외한이었죠. 하지만 그래서 선입견이 없었고 무엇이든 시도할 준비가 되어 있었습니다. 그리고 노트북과 인터넷 검색만으로 새로운 발견을 할 수 있었습니다. 모든 문제에는 해답이 있습니다. 열정을 갖고 찾기만 하면 됩니다. 여러분이라고 안 될 이유가 뭐가 있나요? 당신이 할 수 있는 것을 상상해 보세요. 당신도 세상을 바꿀 수 있습니다."[17]

왜
다시 비전인가?

내 인생을 헌신할만한 가치가 있는 일, 그것이 바로 비전이다. 비전은 꿈의 목록이 아니다. 갖고 싶은 것, 하고 싶은 것, 되고 싶은 것의 수준을 넘어선다. 비전은 그런 것들에 가치를 넣은 것이다. 필자는 비전을 다음과 같이 정의한다.

> **비전: 가치 있는 시대적 소명**

비전과 가치를 얘기하면 많은 사람이 오해한다. 비전, 인생을 헌신할만한 가치 있는 일을 추구하려면 가난하게 살아야 한다고 잘못 알고 있다. 또는 좋은 직장에 들어가 돈을 잘 벌 수 없으니 어쩔 수 없이 선택하는 길이라고 오해한다. 안정된 직장에 취직하고 돈을 번 다음에 혹은 경제적으로 은퇴 준비를 끝내고 나서나 입에 올릴 사치스런 단어라고 생각한다.

그렇다면 묻겠다. 당신은 돈을 벌기 위해 이 땅에 태어났는가? 당신은 삼성이나 구글에 입사하기 위해 이 땅에 태어났는가? 아니면 가치 있는 인생을 살기 위해 태어났는가? 답은 분명하다. 내 인생의 올바른 방향과 참된 목적은 '가치 있는 인생'이다. 남들이 흥분하고 열광해주고 부러워하는 일이나 직장이 아니라, 당신이 흥분하고 감동하고 열광할 수 있는 가치 있는 시대적 소명을 찾는 것이야말로 당신이 성공으로 가는 지름길이다. 그래서 비전, 인생을 헌신할만한 가치 있는 일을 찾는 것은 당신에게 꼭 맞는 성공, 직장, 돈, 명예, 권력, 승진, 지위, 물질, 행복을 얻을 수 있는 최고의 방법이 된다.

필자만큼 비전의 중요성을 강조한 사람이 있다. 소프트뱅크 손정의 회장이다.

"비전이 없는 사람은 아무리 열심히 움직여도 그 자리에서 빙빙 돌기만 하다가 결국에는 좁은 원에서 빠져나오지 못하지만, 비전이 있는 사람은 늘 산 정상을 바라보고 있기 때문에 불필요한 움직임을 줄이고 결국에는 큰 산에 오를 수 있다. (손정의 소프트뱅크 회장)"

"큰 산을 오를 것인가? 좁은 원에 빠질 것인가?" 비전을 향한 발걸음은 이 질문에서 시작한다. 필자는 비전이야말로 시대를 막론하고 인간 존재의 근본적 이유이며, 동시에 변화의 시대를 헤쳐나가는 근본적 해법이라 확신한다. 다음과 같은 질문을 할 수도 있다.

비전이 있다고 다 성공하는가?

물론 비전이 있다고 다 성공하지 않는다. 자기 계발을 한다고 다 원하는 목표를 이루지 못한다. 그러나 꿈과 비전도 없고 자기 계발을 하지 않는 사람이 성공한 사례는 절대로 없다. 비전을 갖고 자기 계발을 하는 이유는 두 가지다. 첫째는 그 과정이 행복하기 때문이고, 둘째로는 실패 확률을 줄일 수 있기 때문이다. 최종적인 비전 완수에는 이르지 못하더라도 최소한 행복하게 살 수 있고, 어제보다는 나은 삶을 살 수 있다. 그리고 성공 확률이 크게 높아진다.

아직도 비전이라는 주제가 식상하다고 생각하는가? 치열한 경쟁의 시대에 비전이라는 단어가 사치라고 생각하는가? 필자는 확신한다. 지금 비전이 사치라고 생각하고 식상하다고 생각해서 '비전'이라는 단어를 버리면 10~20년 후에 반드시 다시 생각하게 될 것이다. 아무리 늦어도 자녀들이 독립하고 은퇴가 눈앞의 일이 될 50대가 되면 반드시 다시 떠올리게 될 것이다.

"지금 나는 행복한가?"

"앞으로 무엇을 위해 어떻게 살아야 하나?"

"나에게 진정 가치 있는 인생이란 무엇인가?"

그것도 지금보다 훨씬 큰 후회와 아쉬움의 마음을 안고서. 100세 시대, 종신고용이 보장되지 않는 시대, 현재 안정적이라 생각했던 자리가 10년 후에는 어떻게 될지 모르는 시대에는 누구도 이 질문들을 피할 수 없다. 비전에 관한 질문은 늦게 던지면 늦게 던질수록 손해다.

> **다시, 비전이다!**

첫 단추를 잘 끼워야 마지막 단추까지 잘 끼울 수 있다. 아무리 많은 연봉과 오래 다닐 수 있는 직장이라도 결코 당신의 100세 인생을 끝까지 지켜줄 수 없다. 최근 구조조정의 칼바람에 휩싸인 조선 업체의 구성원들도 몇 년 전까지는 모두의 부러움의 대상이었음을 기억하라. 잠깐 멈추어 내가 누구인지, 무엇을 좋아하고 잘하는지, 어떤 가치에 열광하는지를 생각해보자. 그것이 당신의 100세 인생을 튼튼하게 쌓아올릴 초석이기 때문이다.

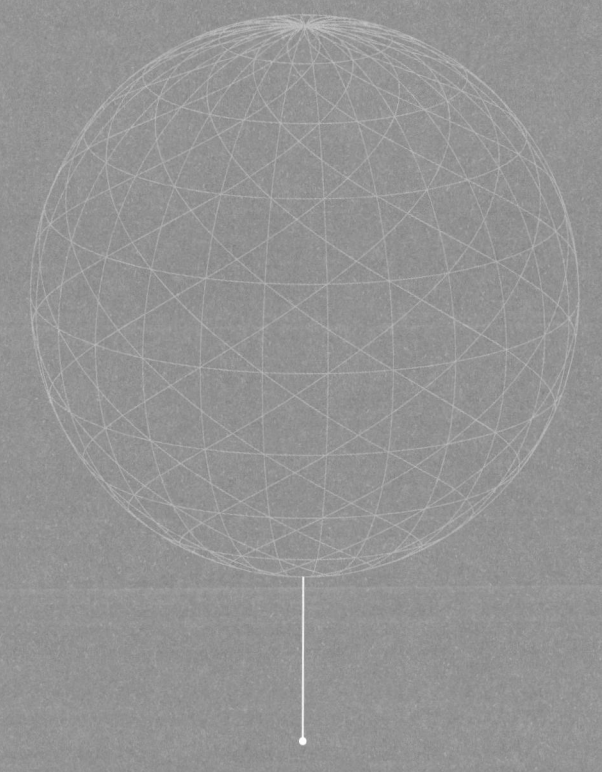

chapter **2**
미래의 변화에서
내 삶을 바꿀 기회를 찾는다

RE-DESIGN YOUR FUTURE

나의 길을 찾는
3가지 비전 질문

가치 있는 시대적 소명을 찾으려면 3가지 질문을 던져야 한다. 필자는 이것을 '비전 질문'이라 부른다. 비전에 대해서 필자는 공리公理 같은 5가지 대전제가 있다. 공리란 증명이 필요하지 않은 명제 혹은 증명할 수 없지만, 직관적으로 자명自明한 진리의 명제다. 그래서 다른 명제들의 전제가 되는 명제다.

첫째, 당신은 유일하고 고귀하고 특별하다.
둘째, 비전은 모든 사람이 가질 수 있다.
셋째, 비전은 개별적이다. 그래서 시대적이다.

넷째, 누구에게나 자신의 비전을 이룰 수 있는 역량이 있거나 앞으로 마련할 수 있다.

다섯째, 모든 비전은 나·가족·이웃·인류에게 가치 있는 것으로 귀결되어야 한다.

5개의 대전제를 따라 필자는 3가지 비전 질문을 만들었다. 이제부터 매일 하루를 시작하면서 거울 앞에서 자기 모습을 보면서 3가지 비전 질문을 끊임없이 반복하라. 매일 반복해서 3가지 비전 질문을 던지는 것만으로도 당신 인생에서 놀라운 변화가 시작될 것이다.

> 첫째, 내가 기뻐할 수 있는 '가치價値'가 무엇인가?
> 둘째, 내가 살아갈 '시대 모습(시대상時代相)'은 무엇인가?
> 셋째, 내가 기쁘게 헌신할 수 있는 구체적 '일(소명召命)'은 무엇인가?

이 3가지가 '가치 있는 시대적 소명'을 발견하는 '비전 질문'이다. 첫 번째 질문인 "내가 기뻐할 수 있는 '가치'가 무엇인가?"에 대답하지 못한다면, 단지 갖고 싶은 것 하고 싶은 것을 향해 달려가는, 즉 욕망만을 좇는 인생이 된다. "내가 살아갈 '시대 모습(시대상)'은 무엇인가?"에 대답하지 못하면, 미래 유망성·시대적 가치·시대적 필요와 동떨어진 개인적인 소원에 머무를 뿐이다. 마지막으로 "내가 기쁘게 헌신할 수 있는 구체적 '일(소명)'은 무엇인가?"에 대답하지 못하면, 행복감이 부족하고 자신의 잠재된 역량을 최대한 발휘하기 힘든 꿈에 머물고 만다.

나 가족 이웃 인류가 기뻐할 수 있는 가치에 도전하라

비전은 "내가 무엇이 될 것인가?"에 대한 해답이 아니다. 갖고 싶은 것, 되고 싶은 것, 하고 싶은 것을 넘어서는 고귀한 것이다. 비전이 고귀해지는 이유는 나와 가족과 이웃, 그리고 인류가 기뻐할 수 있는 가치에서 출발하기 때문이다.

가치란 무엇인가?

가치價値의 사전적 의미는 사물이 가지고 있는 쓸모, 대상이 인간과의 관계에 의하여 지니게 되는 중요성, 인간의 욕구나 관심의 대상 또는 목표가 되는 진, 선, 미 따위를 통틀어 이르는 말이다.18 진선미에서 진眞(진리)은 지성知性(인식 능력)의 대상이고, 선善(올바름)은 의지意志(실천 능력)의 대상이며, 미美(아름다움)는 감성感性(심미 능력)의 대상이다. 따라서 비전가가 추구해야 할 보편적 가치의 평가 기준은 나, 가족, 이웃, 인류에게 쓸모가 있고, 중요하며, 진선미眞善美가 되는 데 도움이 되는 것이어야 한다.

가치는 비전이 성취되었는지 아닌지를 평가하는 기준이다. 비전이 성취되었는지는 돈, 명예, 지식, 권력, 일의 규모가 아니라 가족, 이웃, 인류에게 쓸모 있고, 중요하며, 진선미眞善美를 갖추도록 이바지했는지에 따라 판단되어야 한다. 이런 가치가 당신의 가치관이 되게 하라. 가치관을 바꾼다는 것은 관점을 바꾸는 것이며 내 마음, 생각, 의지, 선택의 기준 등 모든 것을 근본적으로 바꾸는 일이다.

앞을 내다보고, 현재 무엇을 해야 하는지 생각하는 습관을 가져라

두 번째 비전 질문을 던질 차례다. "내가 살아갈 '시대 모습(시대상)'은 무엇인가?" 시대가 어떻게 변화하고 있는지에 관한 질문이다. 인간은 본능적으로 과거를 통해 현재의 문제를 해결하려고 한다. 나쁜 방법이 아니다. 그렇지만 최고의 방법도 아니다. 특히 변화가 큰 시기에는 과거의 지혜가 그릇된 판단으로 이끌 수도 있다. 과거를 통해 지혜를 배우는 것은 중요하다. 하지만 미래의 특정 시점을 내다보고 현재 어떤 결정을 내려야 할지 판단하는 것이 매우 중요할 때가 있다. 지금이 바로 앞을 내다보고 현재 무엇을 해야 하는지 생각해야 할 때이다.

지금이야말로 시대 변화를 통찰하는 힘이 필요하다. 우리는 인공지능, 자율주행 자동차, 로봇과 우주 탐사가 미래 산업과 삶의 조건을 바꾸고, 지구온난화의 위험이 지구를 문명을 위협하고, 중국이 부상하고 이슬람 테러가 발발하며 세계 질서가 요동치는 21세기를 살아가야 한다.

우리가 본받을만한 비전가들은 모두 자신이 사는 시대에 걸맞은 비전을 세웠다는 공통점을 가지고 있다. 모든 비전가들은 먼저 자기 시대를 통찰했다. 자기 시대의 변화 속에서 자신이 해야 할 계획을 발견했다. 비전가들 각각의 비전은 모두 달랐지만, 그들이 행복한 인생을 살고 나, 가족, 이웃, 인류에게 좋은 가치를 선물할 수 있었던 것은 시대를 통찰했기 때문이다. 우리도 다양한 위기를 극복하고 기회를 극대화하기 위해서는 무엇을 해야 할지, 시대적 과제를 통찰해야 한다. 앞을 내다보고, 현재 무엇을 해야 하는지를 생각하는 습관을 갖자.

우리는 미래를
통찰=예측할 수 있다

"미래를 예측할 수 있습니까?" 전문 미래학자인 필자가 가장 많이 받는 질문이다. 필자는 언제나 대답한다. "미래는 예측할 수 있다. 그러나 인간이 미래를 예언할 수는 없다." 이렇게 답하면 "미래는 예측할 수 없다"고 반박하는 사람들이 적지 않다. 다음 질문에 대해 당신은 어떻게 대답할 것인가?

"당신이 내일도 살아 있을 것이라고 확신하는가?"

대부분의 사람이 "알 수 없다"고 대답한다. 옳다. 그러면 질문을 바꾸어 보자.

"당신이 내일도 살아 있을 확률은 몇 %나 될까?"

질문을 바꾸는 것만으로도 사람들의 태도가 크게 달라진다. "큰 이변이 없는 한 거의 99% 아닐까!" 이것이 바로 확률적 예측이다. 우리는 큰 이변이 없는 한 내일도 살아 있을 것이라는 예측을 근거로 계획을 세우고 행동한다. 예측 없이는 아무 계획도 세울 수 없고 어떤 행동도 할 수 없다. 미래는 예측할 수 없다고 주장하는 사람들도 일상생활에서는 매일매일 예측하면서 산다.

조금 먼 미래에 대한 예측도 마찬가지다. 인간은 본래 자신의 주변 상황을 분석하고 변화를 통찰하면서 인생의 장단기 계획 수립에 필요한 의미 있는 전망과 생각과 연구를 수행하는 존재다. 일을 하기 전에 미래에 일어날 결과를 미리 계산하고 예측하고 통찰해 보는 것이 바로 지혜다. 우리는 미래를 '예언Prediction'할 수 없지만, '확률적 예측Forecasting,' '통찰적 전망Foresight,' '의미 있는 연구Futures Studies'는 얼마든지 가능하다.

물론 "미래를 예측할 수 없다"고 하는 사람들이 말하려는 본뜻은 100% 정확하게 맞출 수 없다는 의미일 것이다. 즉, 예측한 대로 다 현실이 되는 것이 아니라는 뜻일 것이다. 그런데 이런 수준의 정확성을 가지고 내다보는 것은 '예측'이 아니라 '예언'이라고 한다. 앨빈 토플러를 능가하는 천재적 미래학자가 나오더라도 100% 정확하게 미래를 예언하는 것은 불가능하다. 예언은 인간이 아니라 신의 영역이다. 미래학자Professional Futurist는 예언하지 않는다.

  필자와 같은 현대의 미래학자는 사회과학적 방법론이나 컴퓨터 시뮬레이션, 예측 수학, 철학, 역사 연구 등의 학문적 도구를 사용하여 현재와 비교해서 미래의 또 다른 가능성을 예측해낸다. 미래의 다양한 가능성을 논리적, 확률적으로 추론한다. 이렇게 예측한 미래 변화를 기반으로 전략적 지혜를 발휘하여 위기를 극복하고 '더 나은 미래'를 만드는 데 이바지하는 것을 목표로 연구한다. 일반인도 일정한 훈련을 받는다면 '변화를 꿰뚫어 보는 통찰력'과 '변화를 다루는 전략적 능력'을 갖출 수 있다. 그래서 자신의 관심 분야와 자신을 둘러싼 환경의 미래 변화를 통찰할 수 있다면 자기가 원하는 비전을 이룰 가능성을 몇 배 높일 수 있다.

  국가 간 경쟁, 기업 간 경쟁에서 미래를 수준 높게 통찰하는 능력을 갖춘 리더들의 역할이 매우 중요하다. 리더의 통찰력에 따라 국가나 기업의 운명이 달라질 수 있다. 그래서 선진국이나 글로벌 대기업들은 예외 없이 미래 변화를 추적Monitoring하고 예측하는 일을 전담하는 전문부서를 둔다.

  미래를 아는 것은 변화의 흐름을 아는 것이다. 시대 변화의 방향을 분별하고 변화의 의미를 깨닫는 것이다. 학문적 연구를 기반으로 시대의 변화 방향을 거시적으로 분별하는 것이다. 시대를 분별하면 나가야 할 방향과 해법을 찾을 수 있다. 동서양 역사에 등장하는 탁월한 지도자들은 시대에 대한 냉철한 통찰력을 가진 이들이었다.

예언가가 될 수는 없지만, 시대 변화를 분별하는 지혜는 누구나 얻을 수 있다. 미래를 통찰하면 멀리 내다보고 크고 넓게 생각할 수 있다. 당연히 오늘의 문제를 해결할 방법을 찾을 수 있다.

통찰력을
훈련하는 방법

　　　　　　필자는 〈2030 대담한 도전〉과 〈미래학자의 통찰법(김영사, 2014)〉이라는 저서에서 통찰력을 훈련하는 방법을 소개했다.(그 내용을 이 책에서 전부 소개할 수 없어서 압축해서 소개하려 한다) '통찰洞察'은 한자로 꿰뚫을 통洞, 살필 찰察을 쓴다. 한자 뜻을 풀이하면, 전체를 환하고 예리하게 살펴 꿰뚫어 본다는 의미다. 통찰력을 발휘하려면 3가지가 필요하다.

　　예리한 관찰력
　　다양한 관점
　　전체를 보는 태도

통찰력 훈련에서는 예리한 관찰력, 다양한 관점(다양한 지식), 전체를 보는 태도라는 3가지가 핵심이다. 전체를 예리한 관찰력으로 보고 다양한 관점으로 살펴 생각하면 사물 이면裡面에 있는 실체를 간파할 수 있다. 이면은 겉으로 드러나지 않는 속내나 속사정이다. 통찰력은 면밀한 관찰과 전체를 보는 시각으로 현상 이면에서 굳건히 버티며 변하지 않는 것의 실체를 간파하는 능력이다. 또한, 통찰력은 변하는 것의 변화나 이동도 간파할 수 있다. 변화變化는 사물이나 사건의 겉모양이나 바탕이 달라짐이다. 이동移動은 움직여서 옮겨지는 것이다. 즉 통찰력은 현상 이면에서 속 바탕이 달라지는 것 혹은 움직여 옮겨지는 것을 간파하는 능력이다. .

통찰력은 훈련될 수 있는 능력이다. 통찰력이 훈련될 수 있는 이유는 통찰에서 사용되는 역량과 프로세스(과정)가 있기 때문이다. 역량과 프로세스가 있으면 얼마든지 교육하고 훈련하여 발전시킬 수 있다. 통찰력의 3가지 핵심을 따라 통찰력이 발휘되는 프로세스를 형식화할 수 있다. 가장 간단한 과정은 '돋보기 작동 과정'을 연상하면 된다.

1단계는 돋보기에 빛이 들어오듯이 정보나 지식을 입력하는 단계다. 입력하는 정보나 지식은 전체를 보는 태도를 가지고 균형 있게 수집해야 한다. 예리한 관찰력으로 빠짐없이 세밀한 것까지 수집해야 한다. 이 단계에서 사용되는 역량은 전체를 보는 태도와 예리한

돋보기 작동 과정에 비유한 통찰력이 발휘되는 프로세스

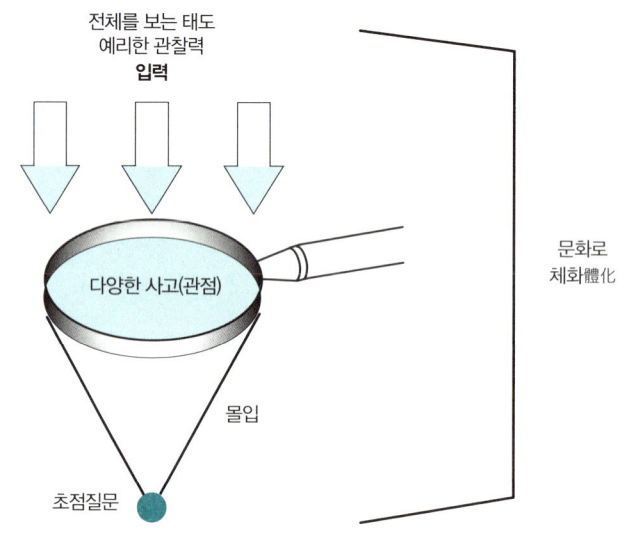

관찰력, 그리고 정보를 정리하고 분류하는 능력이다.

2단계는 들어온 빛을 돋보기 렌즈가 처리하듯이 입력된 정보나 지식을 다양한 관점으로 연결하고 확장하는 사고 단계다. 이 단계에서 사용되는 역량은 다양한 사고, 다양한 관점이다. 1~2단계를 쉽게 표현하면 "많이 읽고, 잘 읽고, 이렇게 저렇게 생각하기를 계속하는 것"이다.

3단계는 돋보기가 빛이 가진 에너지를 한 점으로 모아 열에너지로 바꾸듯이 앞 단계에서 처리한 정보, 지식, 사고를 한 점으로 집중하는 단계다. 해결하고자 하는 문제가 모호하면 해답과 행동도 모호하게 나온다. 개략적인 문제를 구체적인 문제로 바꾸고, 구체적인 문제를 초점이 명확한 질문으로 세밀하게 쪼개라. 문제에 대한 질문이 명확할수록 명확한 해답에 접근할 수 있다. 이 단계에서 사용되는 역량은 질문하는 기술이다. 생각의 힘을 혁신적 아이디어로 바꾸는 것이 질문이다. 질문을 시작하는 단어 "왜Why?"는 궁금증과 한몸이다. 질문(궁금증)해야 필요를 발견한다. 필요는 발명의 어머니로서 혁신을 낳는다.

4단계는 불이 붙을 때까지 움직이지 말고 몰입하는 단계다. 해답을 찾을 때까지 몰입해야 한다. 이 단계에서 사용되는 역량은 몰입의 기술이다. 1~4단계는 훈련으로 가능하다. 그래서 통찰력은 훈련될 수 있다. 통찰력은 신비한 힘에서 나오는 것이 아니라 과학이고 훈련의 성과물이다.

마지막 단계는 1~4단계가 자연스러운 문화가 될 수 있도록 몸에 완전히 익히는 체화體化 단계다. 조직은 이런 문화가 장려되도록 환경을 제공해 주어야 한다. 분위기를 만들어 주어야 한다. 분위기는 감정이고, 환경은 주변 장치이며, 문화는 시스템이다.

역량과 프로세스를 알았으니, 이제 훈련만 하면 누구나 통찰력을 발휘할 수 있다. 여기에 시간을 훨씬 단축하는 방법도 있다. 통찰력 있는 사람의 말에 귀를 기울이고 통찰력 넘치는 사람이 오랫동안 연구한 결과를 담아 쓴 책을 읽는 것이다.

시대를 바꾸려면,
시대의 변화를 통찰하라

　　　　　시대를 변화시키는 비전, 나와 가족과 이웃을 행복하게 만들어주는 비전을 찾고 이루려면 시대 변화를 통찰해야 한다. 그러나 모두가 미래학자가 될 필요는 없다. '거인의 어깨에 올라타라'는 말처럼 시대 변화에 대한 통찰은 필자와 같이 시대 변화를 연구하는 사람의 예측에 귀를 기울이자. 미래학자들은 변화를 통찰하는 일을 비전으로 선택한 사람들이다. 대신 여러분은 자신만의 고유한 비전에 충실하면 된다.

　지금부터 필자는 우리가 꼭 관심을 가져야 할 미래 변화의 가능성에 대한 예측 시나리오의 핵심을 요약해서 소개하려고 한다. 다시 한 번 강조하지만 필자의 미래예측, 시대 변화 통찰은 예언이 아니다. 필자도 미래의 모든 일을 알 수 없고, 한 치의 오차도 없이 정확하게 맞추지 못한다. 다만 필자가 훈련하고 연구한 역량 안에서 최선을 다해 예측한 내용이다. 여러분이 가치 있게 여기는 시대적 소명을 완수하는 데 도움을 주기에 충분한 통찰은 담고 있을 것이다. (이 책의 주제가 '비전'이기 때문에 필자가 연구한 미래 변화 가능성, 시대 변화 통찰을 전부 이야기할 수는 없다. 좀 더 풍부하고 폭넓은 미래 변화 예측을 알고 싶다면 필자의 저서 〈2030 대담한 미래〉 1권과 2권, 〈2030 대담한 도전(지식노마드, 2016)〉, 〈기회의 대이동(김영사, 2014)〉 등의 저서를 읽을 것을 권한다)

미래지도

2008년에 시작된 전 세계 금융위기의 공포는 아직 끝나지 않았다. 앞으로 5년 정도 더 여진을 만들어낼 것이다. 그 충격으로 우리나라는 짧게는 3년, 길게는 5년 정도 저성장의 길을 걸을 것이다. 미국이 자국 경제 회복을 위해 취하는 전략 때문에 한국과 아시아와 신흥국 경제는 크게 흔들릴 것이다.

하지만 위기는 곧 기회다. 지금은 위기만 눈앞에 보이지만 인류 역사상 가장 커다란 부의 대이동과 성공의 기회가 오고 있다. 아시아 대위기 속에서 금융 투자의 큰 기회, 인수합병의 기회, 새로운 미래 비즈니스를 선점할 기회가 열릴 것이다. 2020년 이후에는 자동차산업이 지금보다 2~3배 이상으로 커진다. 자동차산업의 규모를 능가하는 바이오생명산업의 시대도 열린다. 전 세계 GDP의 85%를 담당하는 20여 개 국가는 15년 안에 전부 고령사회에 진입한다. 고령사회에서 가장 우선하여 소비하는 것은 건강하게 오래 살게 해주는 제품과 서비스들이다. 전문가들은 2030년이 되면 1가구 1 로봇 시대가 될 것으로 예측한다. 인간을 닮은 휴머노이드, 입는 로봇, 사이보그 장비, 애완용 로봇, 가사 도우미 로봇 디바이스 등이 가정과 집 밖에서 다양한 역할을 보조할 것이다.[19] 새로운 시대 변화다.

앞으로 20~30년 동안 계속해서 인류의 역사를 바꿀만한 환상적 기술들이 우리를 놀라게 할 것이다. IT Information Technology, BT Bio Technology, NT Nano Technology, RT Robot Technology, ST Space Technology 우주공학기술 등에서 터져 나오는 혁명적이고 파괴적 기술들이 일상을 흔들 것이다. 이 시기에는 네트워킹 컴퓨터, 네트워킹 로봇을 통해 인간 의식과 감성이 기계와 네트워크로 연결되고, 가상현실, NT, BT, ST 등의 1차 기술혁명이 완성되어 인류 역사상 최고로 환상적인 삶의 환경, 꿈같은 생활환경이 마련되는 시대로 진입하게 된다. 다양한 의학적·과학적 기술을 통해 인간을 괴롭혔던 질병이 정복되어 인간의 생명은 100세를 넘어 120세 이상으로 연장되고, 양자역학의 발달로 인간이 물질 세계를 완벽하게 지배하는 사회가 시작되고, 화석에너지로부터 해방되어 새로운 녹색에너지의 시대가 완성되며,

다양한 NT와 BT의 혜택을 통해 기본적인 가난과 굶주림의 문제를 해결할 길이 열리고, 자연과 우주와 인간이 연결되는 놀랍고 환상적인 사회를 만들어낼 것이다.

하지만 초대형 변화들은 새로운 요구와 충돌을 만들어내며 인간에게 극심한 스트레스를 준다. 정신적·영적 불안정감이 점점 증가할 것이다. 끊임없이 새로운 환경, 새로운 직업, 새로운 동료, 새로운 가족, 새로운 능력의 요구가 만들어지면서 사람들은 새로운 정신적 구심점을 찾으려는 욕구를 강하게 느끼게 될 것이다. 그래서 기존의 종교들이 사람들에게 신뢰를 잃으면서 신비주의적 종교와 이단들이 사람들을 미혹하게 된다. 기술의 놀라운 진보는 기술 자체를 신으로 떠받드는 이들을 만들어낼 수도 있다. 고도의 기계화, 물질 세계에 대한 인간 지배력의 강화에 따른 영적 불안감 증가, 인간 존재에 대한 근본적인 성찰 욕구의 증대, 다양한 세계관이 한 시대에 공존함으로써 나타나는 혼란과 갈등, 인간과 스스로 생각하는 의식을 가진 기계와의 본격적 갈등과 분쟁, 가상의식을 비롯한 다양한 의식이 뒤섞여 존재하는 데 따른 계층 간 의식 갈등, 생명윤리를 둘러싼 갈등, 인공지능으로 통제되는 사회에 대한 불만족 등이 점점 커질 것이다. 그야말로 기회와 위기의 대립, 증폭, 혼존混存이다. 그에 따라 존재(영적)의 질의 최적화를 목표로 하는 새로운 패러다임이 등장하게 될 것이다.

필자는 앞으로 20년까지의 변화를 중심으로 미래를 자세하게 예측하고 묘사하기 위해 〈2030 대담한 미래〉〈2030 대담한 도전〉〈기회의 대이동〉 등의 책을 저술했다. 지면의 제약으로 미래 변화의 모습을 모두 자세하게 설명할 수는 없다. 이 책에서는 중요한 미래 변화의 이벤트들이 언제쯤 일어날 가능성이 있는지를 한눈에 보여 주는 2개의 '미래지도Futures Timeline Map'를 소개하는 것으로 대신하려고 한다. 하나는 2016~2020년까지 아시아를 중심으로 일어날 경제 및 금융위기에 대한 내용이다. 다른 하나는 2016~2035년까지 전 세계에서 일어날 기술, 산업, 사회, 문화 등의 미래 변화 예측 시나리오를 정리한 지도다.

비전은 우리가 살아가야 할 시대에 감당해야 할 가치 있는 일이라고 정의한 것을 기억하는가? 두 장의 미래지도를 잘 살펴보라. 당신이 살아가야 할 미래, 당신이 가치 있게 여기는 시대적 소명, 즉 비전을 완수해야 할 미래의 모습이 들어 있기 때문이다. 이런 미래의 변화 속에서 우리는 위기와 기회를 찾아야 한다. 비전을 찾기 위해서는 내가 살아가는 시대가 어떻게 변하고 있는지를 알아야 한다. 현재의 사회, 기술, 산업, 환경, 경제, 정치, 글로벌 패권, 법과 제도, 문화, 종교 등이 어떻게 변해 가는지를 알아야 한다. 문명의 발전이 어디를 향해 가는지 알아야 한다. 우리의 비전은 그 위에서 펼쳐질 것이기 때문이다. 어떤 이는 위기 속에 비전이 있을 것이다. 어떤 이

아시아 대위기에 대한 미래지도

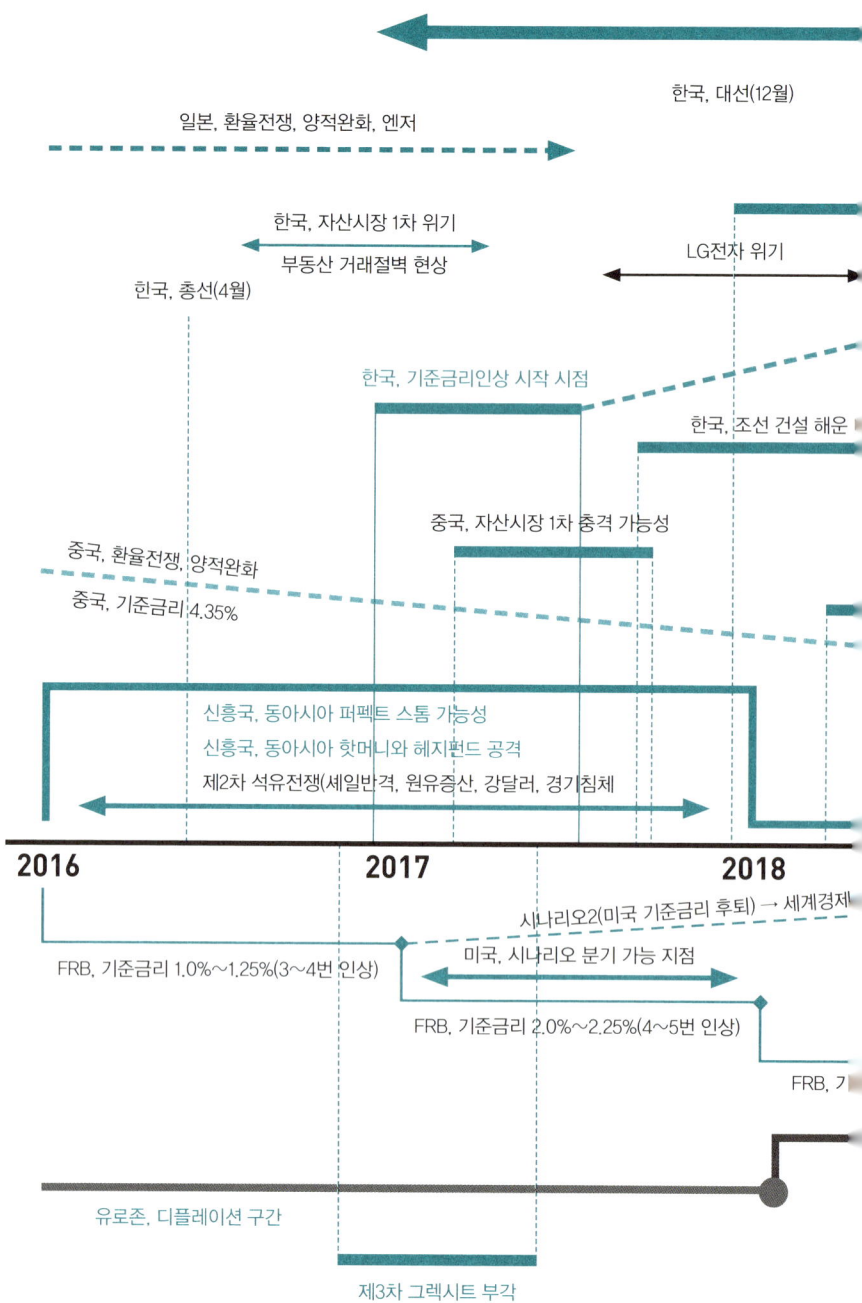

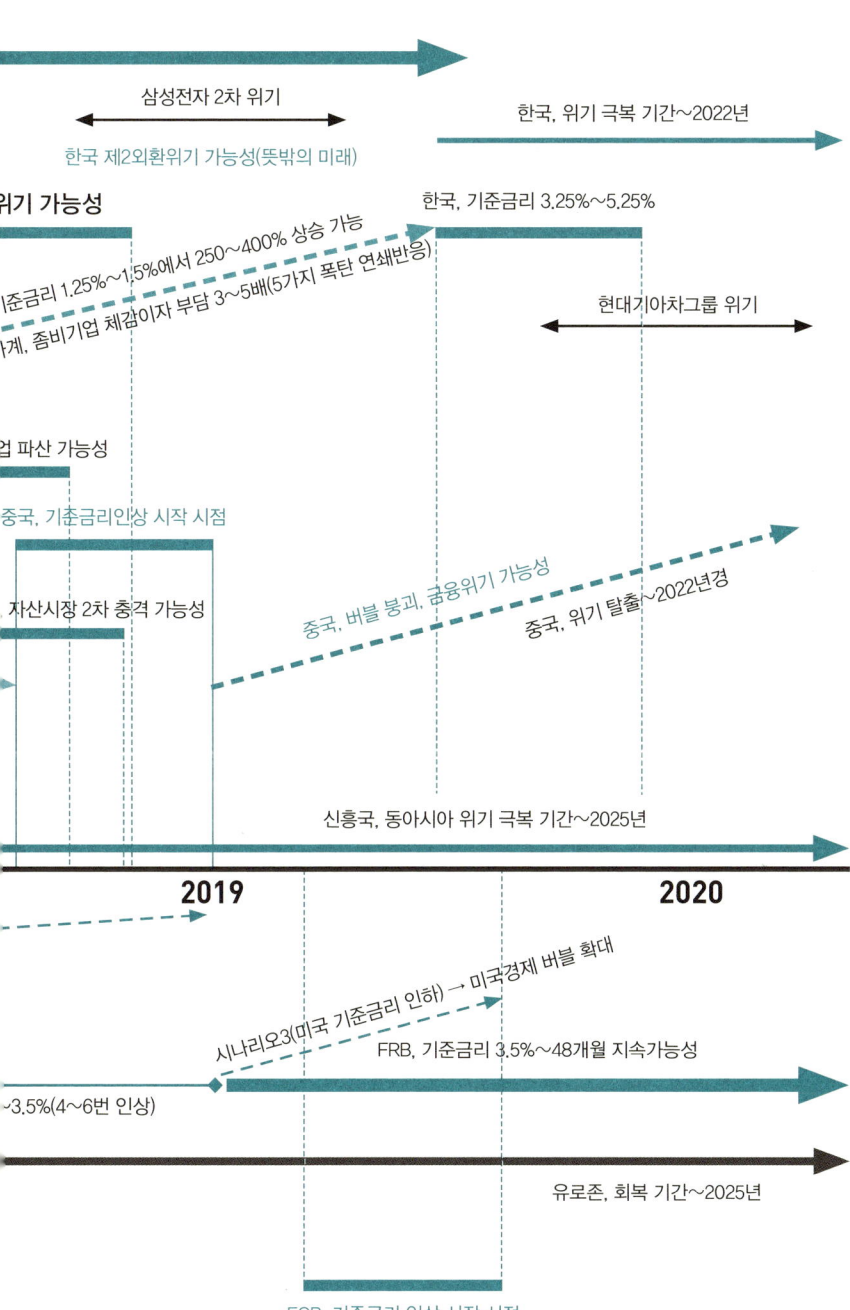

미래의 변화에서 내 삶을 바꿀 기회를 찾는다

에게는 기회 속에 비전이 있을 것이다.

앞의 그림은 필자가 예측한 신新 금융전쟁을 촉발하는 아시아 대위기에 대한 '미래지도'이다. 2016년부터 2025년까지 지속할 아시아 대위기는 미국, 유럽, 중국, 한국, 일본, 신흥국을 신 금융전쟁으로 몰아넣게 될 것이다. 이 미래지도는 신 금융전쟁의 가장 핵심구간인 2016~2020년까지를 자세히 그린 것이다. 중간에 연도가 표시된 굵은 선 아래에는 미국과 유럽의 향후 5년의 상황과 금융 전략을 표시했다. 그 위쪽 영역에는 신흥국, 한국, 중국, 일본, 기타 아시아 국가를 정리하여 복잡한 관계를 한눈에 볼 수 있도록 했다. 지도에 담은 중요한 내용은 아래와 같다.

미국의 기준금리 인상 시나리오 전개

유로존의 회복 시점과 기준금리 인상 예측

신흥국, 동아시아 퍼펙트 스톰Perfect Strom 가능성

제2차 석유전쟁

중국의 환율전쟁

일본의 환율전쟁

한국의 기준금리 인상 시나리오 전개

한국의 금융위기 가능성

한국 기업들의 위기 및 파산 가능성

한국 자산시장(주식, 채권, 부동산) 시나리오 전개

중국의 기준금리 인상 시나리오 전재

중국 자산시장(주식, 채권, 부동산) 시나리오 전개

나만의
미래지도를 만들자

              필자가 미래지도를 만들 때 고려하는 몇 가지 사항들을 간단하게 정리해 소개한다. (이 내용은 필자가 저술한 〈2020 부의 전쟁 in Asia(지식노마드, 2011)〉에서 소개한 내용을 발췌하고 약간 보충해서 정리한 것이다).

  미래 변화의 방향을 읽으려면 경제, 사회, 기술, 산업, 환경, 법, 정치, 제도, 글로벌 패권, 문화, 종교, 영성 등의 영역에서 일어나는 미래 변화에 대한 방향 감각이 필요하다. 미래예측 전문가는 이런 영역들의 변화 조짐, 변화를 이끄는 동력Driving Forces, 변화가 일어나는 이치와 구조 등을 여러 가지 인문사회학적이고 과학적인 방법으로 연구한다. 하지만 전문가가 아니면 이런 복잡한 방식을 모두 배우기 어렵다.

　필자가 미래연구원들을 교육한 경험에 비추어 보면, 신문과 도서를 가지고 시작하는 것이 가장 좋다. 우선 다양한 신문과 도서들을 읽고 '나름대로' 중요하다고 생각하는 사건, 이슈 등을 스크랩한다. 처음에는 '나름대로' 중요하다고 생각하는 것, 즉 주관적으로 평가하는 것으로부터 시작할 수밖에 없다. 이렇게 시작해도 정보와 연구가 누적되면서 자연스럽게 주관성의 함정에서 어느 정도 벗어날 수 있다. 이때 주관적인 한계를 보다 빨리 벗어나기 위해서는 '균형 있는 읽기'가 필요하다. 예를 들어 신문을 보더라도 자기가 선호하는 것 하나만 보지 말고 보수, 진보, 중도 입장의 신문을 골고루 읽어야 한다. 사람은 본능적으로 자신이 보고자 하는 것만 보려는 경향이 강하다. 균형 있게 보려면 '억지로' 내 생각과 다른 의견까지도 보기 위해 노력해야 한다. 이런 노력만으로도 어느 정도는 객관적인 그림을 그릴 수 있다.

　정보는 쌓일 때 힘이 되고, 쌓인 정보는 분류했을 때 더 큰 힘이 된다. 영역별, 지역별, 시간별 분류해보자. 분류한 정보가 일정 기간 누적되면 그런 정보를 만들어내는 흐름과 움직임이 보이기 시작한다. 이 수준에 이르면 의미 있는 미래지도를 만들 수 있다.

　역사학자들 사이에서 농담처럼 주고받는 말이 있다. "연표를 작성했다면 다 끝난 것이나 마찬가지다!" 그만큼 역사 연구에서 연표가 차지하는 비중이 크다는 뜻이다. 자연과학에서는 "그래프를 작성했다면 다 끝난 것과 같다!"는 말이 비슷한 의미로 통한다. 그래프를 통해 어렵고 복잡한 사건이나 사실 속에서 무슨 일이 발생했는지 알고, 발생한 사건의 인과관계나 영향력을 파악할 수 있기 때문이다. 이처럼 그래프나 연표 등은 알고자 하는 사건이나 사실에 대해서 한눈에 직관적으로 이해할 수 있게 해주는 아주 유용한 도구다.

미래예측에서도 마찬가지다. 미래지도는 미래 준비와 지혜로운 계획을 세우는 데 요긴하게 사용된다. 2016년 박찬호는 한국 프로야구 구단을 순회하면서 후배들에게 특별 과외를 했다. 박찬호는 힘든 시기를 이겨내고 메이저리그에서 성공한 비결을 이렇게 이야기했다.

> "선수들은 갈등한다. '내가 정말 잘할 수 있을까'라는. 누구나 잘하고 싶고, 잘해야 한다는 마음은 갖고 있다. 다만 누가 더 간절하고 미치도록 하는지가 차이를 만든다. 그런데 그 간절함을 갖고도 어떻게 변화를 시켜야 할지 그 방법을 모르는 선수들이 많다."[20]

박찬호는 열정을 갖고 임하는 것의 중요성을 강조한 뒤, 계획 있는 삶의 중요성을 강조했다.

"왜 그럴까. 내가 생각하기에는 계획이 없기 때문이다. 계획 없이 타자를 생각하고 경기를 치른다. 꿈을 갖는 것과 목표를 갖는 건 전혀 다르다. 예를 들어 우승하고 싶다는 꿈은 누구나 꾼다. 그런데 목표를 가졌는지 아닌지는 다르다. 내가 해야 할 걸 아는지, 혹은 모르는지. 그러면서 느끼는 차이가 큰 차이를 만든다. 목표가 없다는 건 계획이 없다는 것이다.… 경험이 풍부한 선수가 왜 유리할까? 그 경험을 바탕으로 자신만의 계획을 세울 수 있어서다.… 휴일에 무엇을 할지 계획을 세우지 않나. 마운드 위에서 어떻게 던질지에 대한 계획도 갖고 있어야 한다. '어떻게 아웃시킬까'라는 계획을 세워야 한다."[21]

미래지도는 미래를 계획하는 데 유용한 도구다. 처음에 미래지도를 만들어보면 당연히 어설프다. 하지만 낙심하지 말고 계속해보자. 처음에 어설프게 만든 지도도 시간을 들여 계속 업데이트 하면 점점 좋은 미래지도로 발전한다. 한번 만들고 끝내지 말자. 미래의 변화에 대해 지속적인 관심을 가지고 정보를 수집, 분석하면서 꾸준히 '미래지도'를 갱신해나가자.

미래지도 없이 미래 전쟁에 임하는 것은 작전 지도 없이 무작정 전투에 나서는 군인과 같다. 지도가 있어야 어떤 길로 진군하고 어디로 대포를 쏘아야 할지, 어디에 진지를 구축하고 어디로 퇴각해야 할지 등의 전략과 전술을 필요할 때 정확하게 구사할 수 있다. 국가를 경영하든, 기업을 경영하든, 가계를 경영하든 마찬가지이다. 초보적인 미래지도를 만든 다음 점차 업데이트할 때 꼭 고려할 사항이 몇 가지 더 있다. 이 방법을 통해 좀 더 수준 높은 미래지도로 발전시킬 수 있다.

첫째, '미래지도'에 '미래에 직면할 상황'들을 추가하라. 여러 가지 자료를 계속 분석하다 보면, 일어날 가능성이 큰 변화의 방향과 모습을 예측하거나 상상할 수 있다. 이 단계에서 주의할 점은 단기적이면서 동시에 장기적으로 생각하는 일이다. 예를 들어 2008년의 미국발 금융위기나 2010년의 유럽 금융위기의 경우, 단기적인 변화와 동시에 장기적으로 생각해볼 만한 미래 변화의 흐름과 그 속에 숨어있는 또 다른 위기를 예측하거나 상상해 보는 것이다. 특히 위기 시에는 단기적인 충격에 사로잡히기 쉬운데 장기적인 흐름까지 함께 고려해야 균형 잡힌 생각과 예측을 할 수 있다. 안중근 의사의 말대로 "사람이 멀리 생각하지 않으면 반드시 가까운 데 근심이 있기 마련"이다人無遠慮必有近憂.

> **빠른 변화의 시대는 오히려 멀리 봐야 살아남을 수 있다.**

둘째, 미래지도에 '나에게 미래에 필요할 것들'도 예상하여 적어

넣으면 좋다. 필자가 제시한 '아시아 대위기에 관한 미래지도'를 보면서 이 상황에서 '나라면 언제 어떻게 행동할 것인가?', '어떤 전략을 구사할 것인가?', '무엇을 더 눈여겨보아야 하는가?', '미래 변화 중에 나에게 가장 큰 영향을 미칠 사건과 시나리오는 무엇인가?' 등의 질문을 떠올려 보면서 생각나는 것을 적어 넣자. 이런 과정을 통해 객관적인 미래지도를 나만의 맞춤 지도로 개인화하라는 말이다. 이 과정에서 많은 사람을 바보로 만드는 질문이 있다.

> **알지도 못하는 미래에 무엇이 필요한지 어떻게 알 수 있나?**

우리에게 필요한 것은 점쟁이의 신묘한 능력이 아니다. 위대한 탐험가도 미지의 세계를 탐험할 때 위기를 예측하고 극복하는 데 '상식'을 사용한다. 미래를 대하는 태도도 마찬가지다. '절대적'으로 알려지지 않은 미래는 없다. 미래는 '미래 징후 Future Signal'를 미리 던지면서 오기 때문이다. 우리가 오늘 본 신문, 잡지, 방송, 책, 논문 등에서 얼마든지 미래 징후들을 찾을 수 있다. 오늘 아침 새롭게 발표된 신제품, 신기술, 새로운 제도, 갑자기 주목받는 사회적 현상은 어제까지는 전혀 없다가 오늘 아침에 갑자기 하늘로부터 뚝 떨어진 것이 아니다. 우리가 알지 못하고 있었을 뿐, 이미 과거의 어느 시점부터 서서히 진행되어 오다가 특정한 조건들이 충족되면서 어느 시점에 갑작스럽게 그리고 눈에 띄게 창발創發, Emergence(중요한 사건이나 이슈가 새롭게 생겨나는 혹은 새롭게 출현하는)하면서 언론의 이목을 끌게 된다.

'미래 징후'는 미래 변화의 모습을 묘사하거나 미래에 발생할 수 있는 변화의 결과를 구성하는 퍼즐 조각이다. 미래 징후는 하나의 뉴스나 하나의 전조가 되는 사건으로, 하나의 발견으로, 하나의 정보로, 하나의 연구 보고서로, 하나의 신기술로, 하나의 느낌으로 올 수 있다.

예를 들어 현재 전 지구적 쟁점이 된 지구온난화 문제만 해도, 이미 1896년에 스웨덴 과학자였던 스반테 아레니우스Svante Arrhenius가 미래에 이산화탄소 농도 증가로 인해 심각한 지구온난화 문제가 발생하여 인류에게 큰 위협이 될 가능성을 경고하는 보고서를 작성했었다. 현재 각국이 치열하게 경쟁하고 있는 자율주행 자동차를 만드는 데 필요한 전기자동차 기술, 인공지능 기술 등도 1900년대 초부터 이미 연구가 시작된 기술들이다.

이처럼 우리가 전혀 예측하지 못한 완전히 새롭고 혁명적인 미래는 거의 없다. 우리가 미래를 완전히 새롭고 혁명적인 세상으로 오해하는 결정적 원인은 이미 와 있지만, 곳곳에 흩어져 있는 미래징후를 알아보지 못하기 때문이다. 격변기일수록 미래징후를 알아차리는 능력이 매우 중요하다. 1년 후, 10년 후, 20년 후에 사회, 기술,

경제, 환경, 정치, 영성 등의 영역에서 일어날 변화의 가능성은 오늘도 우리 주변 어디에선가 꿈틀대고 있을 것이다. 이런 미래 징후를 발견해서 퍼즐을 맞추면서 나만의 '비즈니스 미래지도'를 만들어 나가자. 그런 노력이 누적되면 그만큼 남들보다 먼저 미래 기회를 발견할 수 있다.

'남들보다 먼저'가 중요하다. 이것이 미래지도를 작성하는 목적이다. 조금만 더 미래에 관심을 가지면 격변기에 생존 가능성을 크게 높일 수 있다. '아시아 대위기에 대한 미래지도'를 펼쳐놓고 신문을 읽자. 전문가의 이야기를 귀담아듣고 책을 읽자. 그렇게 얻은 퍼즐 조각을 미래지도에 대입해보자.

셋째, 미래지도를 잘 만들려면 '보잘것없는 정보'도 잘 모아 놓아야 한다. 모호한 정보, 믿을만하지 못한 정보도 때에 따라서는 유용하다. 미래를 예측할 때는 더욱 그렇다. "100% 정확한 정보는 쓸모없다. 100% 확실하게 폭발이 일어날 것이라 말할 수 있을 때는 이미 늦기 때문이다." 미국의 전쟁 영웅이었던 콜린 파월 전 장관이 한 이 말을 명심하자.

미래에 관한 완벽한 정보를 기대하지 마라. 한 치의 오차도 없는 완벽한 정보란 오직 변화가 완성되었을 때에만 얻을 수 있다. 그때는 이미 누군가가 기회를 차지한 다음이 될 것이다. 보잘것없어 보이는 미래에 대한 정보들이라도 계속해서 수집하라.(아시아미래인재

연구소의 홈페이지 www.afhi.org 또는 매주 발행하는 '미래통찰보고서'를 참고해보라. 전문미래학자로서 필자는 회원들을 위해 사회, 경제, 금융, 산업, 환경, 영성의 변화를 빠르게 포착할 수 있는 미래 정보들을 매일 업데이트하고 있다)

마지막으로, 미래지도에 '예상치 못한 것에 대한 정보'도 반드시 담자. 남들이 관심을 두지 않는 미래 변화도 주목하라는 말이다. 미래학에서는 이런 미래를 '뜻밖의 미래'라고 부른다. 일어날 가능성은 작지만 일어나면 엄청난 영향을 미칠 수 있는 극단적 미래 위협을 방지하기 위해 반드시 고려해 보아야 할 가능성이다. '아시아 대위기에 대한 미래지도'에서는 '한국의 제2 외환위기 가능성'이 그런 예이다.

필자는 뜻밖의 미래를 2가지로 분류한다. 하나는 나노기술처럼 혁신적 기술 진보로 인한 '비약적인 진보 Quantum Progress'에 의해 만들어지는 지금과는 '매우 다른' 미래다. 다른 하나는 특정 사건으로 인해 기존 체제가 '붕괴 Collapse'하고 만들어지는 미래다. 베를린 장벽 붕괴(창발 현상 Emerging Issue)는 그 자체만으로도 뜻밖의 사건이었지만, 그 사건 이후로 예상치 못하게 미국과 러시아의 핵무장 경쟁을 촉진하고 EU의 재정정책을 바꾸는 등의 변화를 촉발했다. j

'뜻밖의 미래'를 미래지도에 넣을 때 주의할 점이 있다. 언제 '뜻밖의 미래'가 나타날지, 그 타이밍을 찾으려고 하지 마라. '뜻밖의 미래'가 일어나는 시점을 예측하는 것은 매우 어렵다. 뜻밖의 미래는 대개 우리의 예측과는 매우 다른 시기에 나타난다. 예를 들어 독일의 전 총리였던 게르하르트 슈뢰더는 1989년 7월, "현재 우리에게 통일의 가능성은 전혀 없으며 40년 후의 세대들에게도 통일의 기회는 희박하다"고 확신에 찬 어조로 발언했다. 그로부터 불과 몇 개월 후 베를린 장벽이 무너지고 갑작스럽게 독일 통일이 이루어졌다. 지구상의 유일한 분단국가인 대한민국의 통일 역시 갑작스럽게 일어날 것이다. 그러나 정확한 통일의 시기는 예측할 수 없다.

뜻밖의 미래는 '시기'를 따지지 말고, 이런 미래 변화가 일어난다는 것을 전제로 미래의 가능성을 생각해 보는 시나리오다. 이런 일이 일어난다면 어떤 폭발력을 가질지를 깊이 상상하고 토론하라. 그 과정에서 나온 아이디어를 미래지도에 넣어라. 대부분의 사람에게 2008년 미국발 금융위기는 발생하기 전까지는 예상치 못한 뜻밖의 미래였다. 그러나 일부 전문가들은 미리 위기의 가능성을 경고했었다. 그들은 사람들이 부동산 거품 붕괴에 관심을 두지 않았을 때 남보다 앞서서 그 파국의 가능성을 미리 생각해 보았기 때문이다.

다음 그림은 필자가 예측한 2035년까지의 미래기술 변화, 신新산업 전쟁, 삶의 변화 등에 대한 '미래지도Futures Timeline Map'이다. 연도를 기록한 굵은 선의 아랫부분은 사회, 글로벌 정세, 정치 변화 등을 담았다. 연도 위에 정리된 내용은 크게 3개 구간으로 나눌 수 있

미래산업의 전개를 예측한 미래지도

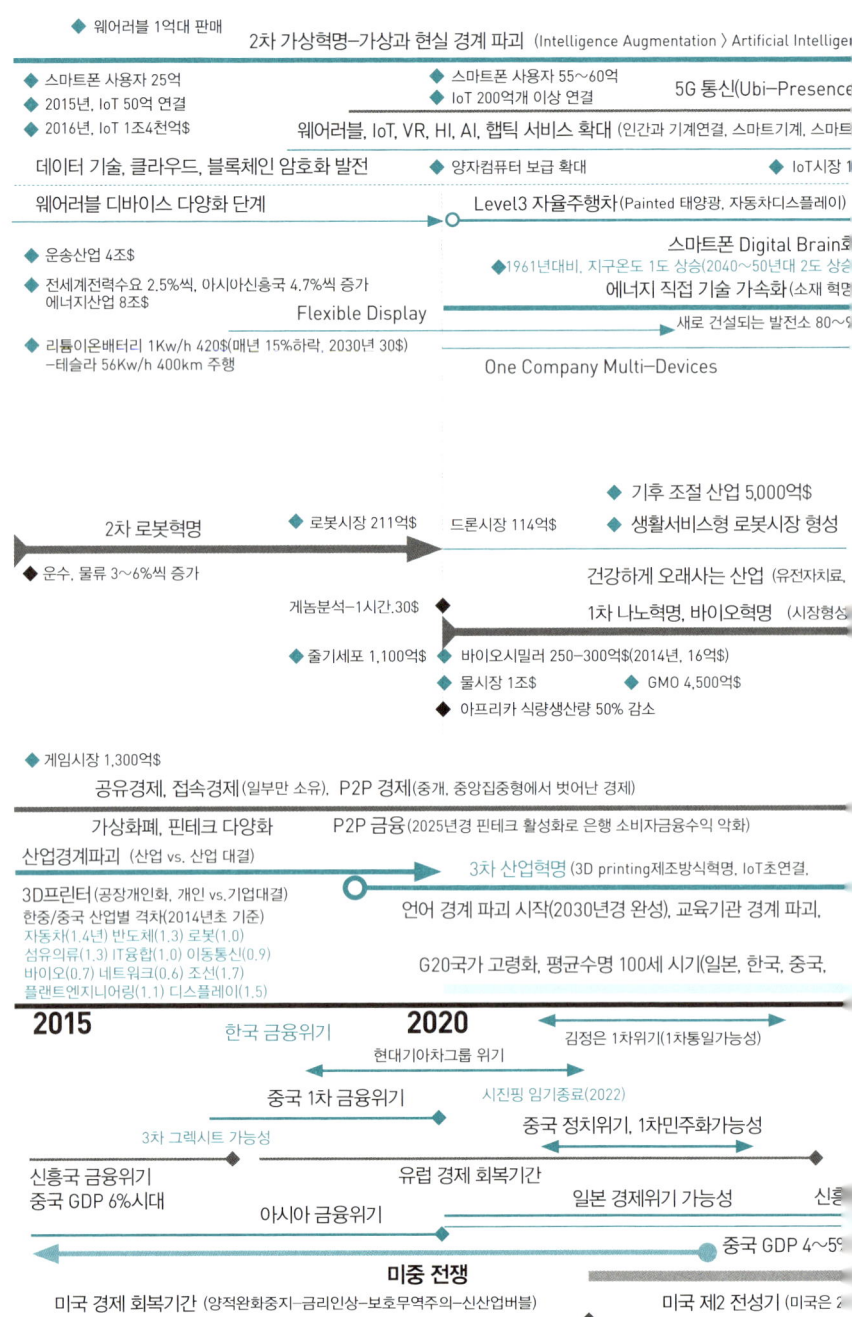

정보화시대 → 3차 가상혁명-매트릭스, 가상영생(IA < AI), 환상사회

6G 통신(실시간 Mobile 3D-VR, AR 완벽구현)

◆ 인간노동 70~80%자동화

홈, 스마트도시 생태계 형성기) → 초연결사회 완성-지구컴퓨터화(전세계 사람, 사물, 도시, 인터넷 연결)

입고 다니는 컴퓨터 (대형컴퓨터 → 개인컴퓨터 → 모바일클라우드컴퓨터 → 도시텀퓨터 → 지구컴퓨터)

Level4 완전 자율주행차 → 뇌연결 자동차, Flying Car 시장 부각

2035~45년 북극해빙 사라짐

070년대 3도 상승)

전기자동차 시장점유율 20~30%(신차는 50%이상)

산 및 클라우드형 전기 집적기술 등) 우주 태양광 발전 (원자력 발전소 대체. 태양광 점유율 20~30%)

태양광, 풍력 등 Natural Energy

태양광모듈효율 40%대(2015년-19.5%)

테슬라 800~1,600km 주행, 1분 급속충전
Hyperloop 기술 적용 상용화(시속 1,000km)
2010년대비, 에너지 수요 80% 증가

2차 에너지 혁명 (Natural Energy, 에너지독립시대)

석유혁명-심해, 셰일유전 등 전통유전과 개발비용 같아짐. 자연에너지 우위

대체에너지, 미국시장 6,000억$

북극, 우주광물개발

극초음속 비행기 시대(전세계 2시간 생활권)

◆ 뇌지도 완성

민간우주여행 산업 본격 개막(저궤도우주여행, 우주엘리베이터 여행 등)

년경 1가구 1로봇 입양)

3차 로봇혁명 (완전자율, 자발, 자기통제로봇, 기계와 인간 경계파괴)

포, 인공장기, 입는 로봇, 기타 바이오 헬스케어)

2차 나노, 바이오혁명 (사회변화, 물질과 생명 재창조)

맞춤신약, 신소재 등)

4차 산업혁명 (BT, NT, ET, 완전자율로봇, 트랜스휴먼-Technium, 생산성 확장)

◆ 아기유전자 디자인 가능

화산업 4,500억$

드펀딩 시장 1,000억$

◆ 글로벌인프라 누적투자액 70조$

게임과 미디어 산업 경계 파괴 (게임산업 규모 영화산업 추월)

생체 고분자화합물, 백신의 디지털정보
이메일로 전송 가능-바이오나노프린팅

지능증강, AI로 생산성혁명 발생)

완벽한 3D 프린터

이오프린팅, 나노프린팅

한계비용제로 시대 (Marginal Cost Zero), 자급자족 가능

럽, 미국 등), 남반부 인구 증가 ◆ 이슬람인구 22억명 돌파

2030 — 2035

한국정부부채위기

김정은 2차위기(2차통일가능성)

국 vs. 인도 물 분쟁 증가 → 2030년 히말라야 빙하 1/5로 감소 – 아시아 10대강 위기

시인구비율 65%(9억), 인도 40%(6억), 아시아 25억 도시거주
중산층 10억명 돌파(2024), 2015~2035까지 13~15억명 도시유입

아시아 주도 시대

경제 회복기간 세계인구 40% 물 부족 (물산업과 제3차 세계대전 가능성 증가)

세계인구 90억
GDP 150~200조$

리스크 시작 **전세계 세컨드 골디락스**

중국 2차금융위기
2차 민주화가능성

서 총인구감소, 초고령사회진입 / 중국은 여전히 G2, 2025년 14억에서 총인구감소, 2030년 초고령사회진입)

미래의 변화에서 내 삶을 바꿀 기회를 찾는다

다. 2016~2020년의 5년이 1구간, 2020~2030년의 10년이 2구간, 2030년 이후가 3구간이다. 필자는 미래산업전쟁의 진검승부는 2구간에서 벌어질 것으로 예측한다. 미래지도는 구간별로 경계가 파괴되면서 변화하는 미래산업의 복잡한 관계와 예측되는 결과를 한눈에 볼 수 있도록 정리한 것이다. 지도에 담은 내용을 상세하게 설명하면 아래와 같다.

- 2016~2020년, 제1차 3D 프린팅 혁명으로 공장 개인화 시대 시작
- 2016~2020년, 웨어러블 디바이스 다양화 단계
- 2016~2030년, 데이터 기술 시대, 블록체인 암호화 기술 발전 및 적용 시대
- 2016~2025년, 가상화폐, 핀테크, P2P 금융의 다양화 시기
- 2016~2025년, 공유경제, 접속경제, P2P 경제로 중개 및 중앙집중형에서 벗어난 새로운 경제 시스템 형성
- 2016~2030년, 각종 IT 기술이 진화하면서 가상과 현실의 경계가 파괴되는 제2차 가상혁명, 인간 지능 증강 Intelligence Augmentation, 약한 인공지능 기술 등으로 후기정보화시대 형성
- 2018~2030년, 인공지능 혁명 시작
- 2018~2023년, 플렉서블 디스플레이 Flexible Display 범용화
- 2018~2026년, 유비프레즌스 Ubi-Presense 사회 형성

2018~2030년, 웨어러블 장치, IoT, VR, HI, AI, 햅틱 기술Haptic Technology, 디스플레이 혁명이 만드는 미래

2018~2030년, 3D 프린팅, IoT, IA(인간 지능 증강), 약한 인공지능이 결합하여 제3차 산업혁명 발생

2018~2030년, 제조업 혁명, 신新 제조업 황금기 시작

2018년, 줄기세포 세계시장 1,100억 달러 규모 형성

2020년, 일반 컴퓨터보다 최대 1억 배 빠른 양자컴퓨터 보급 확대

2020년, 로봇 세계시장 211억 달러 규모 형성

2020년, 게놈 분석 1시간에 가능해짐(30달러)

2020년, 바이오시밀러 세계시장 250~300억 달러 규모 형성

2020년, 아프리카 식량 생산량 50% 감소

2020년, 스마트폰 사용자 55~60억 명 돌파, IoT 200억 개 이상 연결

2020~2025년, 3단계 자율주행 자동차 상용화

2020~2030년, 소재 혁명, 분산 및 클라우드 형 전기 집적 기술로 에너지 집적 기술 가속화

2020~2030년, 생활 서비스형 로봇시장 형성기, 로봇처럼 변해가는 인간 시대 시작

2020~2030년, 줄기세포 의료 서비스 및 유전자 분석 치료 대중화, 나노 로봇, 인공 근육 생산, 인공장기 배양 기술 등이 가능한 제1차 나노 및 바이오 혁명 시기

2020~2030년, 선진국 중심으로 건강하게 오래 사는 산업 시장 성장기

2020~2030년, 언어 경계 파괴, 교육기관 경계 파괴 시기

2022년, 드론 세계시장 114억 달러 규모 형성

2022년, 기후 조절 산업 세계시장 5,000억 달러 규모 형성

2022년, GMO 세계시장 4,500억 달러 규모 형성

2022년, 1961년 대비 지구 평균온도 1도 상승(2040~2050년대 2도 상승, 2070년대 3도 상승 가능)

2025년, 스마트폰의 디지털 브레인(Digital Brain)화

2025년, 옷처럼 입고 다니는 컴퓨터 대중화

2025년, IoT 세계시장 11조 달러 규모 형성

2025년, 전기자동차 800~1,600km 주행 가능

2025년, 시속 1,000km 하이퍼루프 기술 상용화 가능

2025~2035년, 게임과 미디어산업 경계 파괴

2025년, 대체에너지 미국 시장 6,000억 달러 규모 형성

2025년, 크라우드펀딩 시장 1,000억 달러 규모 형성

2026년, 담수화산업 세계시장 4,500억 달러 규모 형성

2026~2030년, 4단계 완전 자율주행 자동차 상용화

2027년, 뇌 분석이 완료되어 뇌 지도 커넥톰Connectome 완성

2027~2035년, 실시간 모바일 3D-VR & AR 기술 시대

2030년, 전기자동차 세계시장 점유율 20~30% 도달

2030년, 스마트홈 시대 완성

2030년, 가상과 현실의 경계 파괴 완성

2030년, 우주 태양광 발전소 건설

2030년, 에너지 독립이 가능한 제2차 에너지 혁명 시대 시작

2030년, 자연에너지 Natural Energy가 화석에너지 대비 경쟁우위 확보

2030년, 가상과 현실이 완전히 융합되는 매트릭스, 가상 영생의 시대 시작

2030년, 뇌 연결 자동차, 나는 자동차 Flying Car 상용화 시대

2030년, 전 세계 사람, 사물, 도시가 연결되는 초연결 사회 완성과 지구 컴퓨터화 시대 진입

2030년, 제2차 3D 프린팅 혁명 – 생체고분자 화합물, 백신의 디지털 정보를 이메일로 전송할 수 있는 바이오 나노 프린팅 기술 가능

2030년, 제2차 나노 및 바이오 혁명으로 사회 변화, 물질과 생명 재창조 시대 시작

2030년, 완전자율, 자발, 자기통제로봇 기술 가능, 인간처럼 변화하는 로봇 시대 및 기계 양육 시대 시작

2030년, BT, NT, ET, 완전자율로봇, 트랜스휴먼, 인공지능 가상사회가 결합하며 상호연결된 기술계 System of Technology인 초기 테크늄(Technium: 전 지구적으로 상호 연결된 기술계) 시대 개막과 제4차

산업혁명 시작으로 환상사회Fantastic Society 진입

2030년, 한계비용 제로 시대의 시작

2030~2035년, 민간 우주여행산업 본격 개막(저궤도 우주여행, 우주 엘리베이터 여행 상업화 가능 시기)

2030년, 극초음속 비행기로 전 세계 2시간 생활권 시대

2032년, 아기 유전자 디자인 가능

2033년, 북극 및 우주 광물 개발 시대

2035년, 인간 노동 70~80% 자동화

2035~2045년, 여름에 북극해 해빙이 완전히 사라지는 시기

필자가 소개한 두 개의 미래지도는 '예언표'가 아니다. 미래지도는 미래에 일어날 또 다른 가능성에 관심을 가지고 눈여겨 볼만한 이슈와 사건에 대한 예측이다. 써넣은 연도 역시 '바로 그 시점 즈음'에는 '그 이슈'를 눈여겨보아야 한다는 의미에서 어림잡은 구간이다. '어림 구간'이지만, 기술의 전개 방향과 속도를 포함해서 미래 산업 발전과 관련된 다양한 변수를 종합해서 논리적, 확률적으로 발생할 가능성이 큰 시점을 예측했다. (미래 산업 각각의 항목에 대한 자세한 분석과 예측 내용은 필자의 저서 〈2030 대담한 미래〉 1, 2권과 〈2030 대담한 도전〉을 참고하라)

소명을 찾아
비전을 완성하라

　　　　　　　　　시대 상황, 미래 변화 가능성과 방향을 통찰했다면 그다음으로 할 일은 내가 가진 것이 무엇인지를 질문하고 발견하고 훈련하는 것이다. 필자는 이것을 '소명召命, Calling'이라고 부른다. 소명은 비전을 발견하는 데 필요한 마지막 영역이다.

　소명은 부를 소召, 명령할 명命이 합쳐진 단어로 왕이 신하를 불러 구체적으로 내린 명령을 뜻한다. 종교에서는 신이 나를 불러 명령하신 구체적인 일이라는 의미로 사용되었으나 차츰 일반화되어 개인적, 사회적으로 의미 있는 일을 발견하여 그것에 헌신하는 것을 지칭하는 용어로 그 뜻이 확장되었다. 내가 기쁘게 헌신할 수 있는 구체적 '일(소명)'을 발견하기 위해서는 어떻게 해야 할까? 간단한 방법이 있다. 내가 가진 구체적인 역량이 무엇인지를 찾으면 알 수 있다. 앞에서 필자는 비전에 대한 공리公理 같은 5가지 대전제를 소개했다.

> 첫째, 당신은 유일하고 고귀하고 특별하다.
> 둘째, 비전은 모든 사람이 가질 수 있다.
> 셋째, 비전은 개별적이다. 그래서 시대적이다.
> 넷째, 누구에게나 자신의 비전을 이룰 수 있는 역량이 있거나 앞으로 마련할 수 있다.
> 다섯째, 모든 비전은 나, 가족, 이웃, 인류에게 가치 있는 것으로 귀결歸結되어야 한다.

5가지 대전제를 따라 '비전은 가치 있는 시대적 소명'이라고 정의한 다음, 3가지 비전 질문도 소개했다.

> **첫째, 내가 기뻐할 수 있는 '가치'가 무엇인가?**
> **둘째, 내가 살아갈 '시대 모습(시대상)'은 무엇인가?**
> **셋째, 내가 기쁘게 헌신할 수 있는 구체적 '일(소명)'은 무엇인가?**

지금까지 두 번째 비전 질문까지 생각해보았다. 이제 세 번째 질문을 던질 차례다.

내가 기쁘게 헌신할 수 있는 구체적 '일(소명)'은 무엇인가?

가장 중요한 것은 생각에 그치지 않고 실행에 옮기는 것이다. 다시 강조하는데 삶을 희망으로 바꾸고 싶다면 하루를 시작하기 전에 거울 앞에서 자신의 모습을 보면서 3가지의 비전 질문을 매일 반복해보라.

내 안에 있는
비전 역량 진단

　　　　　　　　　비전을 완수하기 위해서는 우리 안에 있는 선천적 역량과 후천적 역량을 사용해야 한다. 필자는 이것을 '비전 역량'이라 부른다. 내가 선천적으로 가지고 태어난 역량이 무엇인지를 파악하는 것, 후천적으로 기르고 훈련한 역량이 무엇인지를 파악하는 것은 '기쁘게 헌신할 수 있는 구체적 일(소명)'이 무엇인지를 찾는 좋은 출발점이 된다.

　필자는 비전을 발견하는 출발점이 되는 역량 진단 도구를 개발했다. 그러나 역량 진단 검사는 절대적이지 않다. 역량 진단 검사는 자신에 대한 성찰과 주변 사람들이 오랫동안 나에 대해서 관찰하고 평가한 내용과 함께 사용하는 것이 좋다. 그러나 자기에 대한 성찰이나 주변 사람들의 관찰과 평가를 수렴하는 데는 오랜 시간이 걸린다. 그래서 비전 역량 진단 검사를 먼저 한 후에 자기 성찰과 주변 사람의 평가로 역량 진단을 보완하는 순서로 진행하는 것이 효율적이다.

인간의 역량은 고정되어 있지 않고 발전한다. 태어날 때부터 가지고 있는 유전적 요소는 크게 변하지 않지만, 교육받고 훈련받고 생활해온 환경에 관련된 요소들은 변한다. 퇴보하기도 하고 발전하기도 한다. 이런 이유로 비전 역량을 극대화하기 위해서는 훈련이 중요하다. 그래서 '비전 역량 진단 검사'는 이런 점들을 고려하여 1년에 최소 1회는 정기적으로 실시하기를 권한다. 매년 실시한 비전 역량 진단 검사 결과를 비교 평가해서 훈련의 정도를 평가하고 다음 훈련에 대한 제안을 얻을 수 있기 때문이다. 비전 역량 진단 항목은 다음의 표와 같다.

비전 역량은 내적 역량과 외적 역량으로 나뉜다. 표에 있는 항목들은 내적 역량에 관한 것이다. 내적 역량은 비전가 내부에 있는 자원이다. 가치, 인성, 관심사, 재능, 성격, 기술, 생각의 힘, 성찰력, 언어 및 지각 능력, 리더십 등은 비전 완수를 위해 사용되는 자원들이다. 비전을 완수하기 위해서는 비전가가 훈련 기간에 자신이 가진 비전 역량들을 발견하고, 개발하고, 훈련하여야 한다. 그리고 내적 자원들을 미래사회에서 적재적소_{適材適所}에 올바르고 적합하게 사

CYS 비전 지수

비전코드	세부역량	검사결과	
비전 방향성	비전 방향성	지적 연구	
비전 가치 방향	비전 가치 성향	지식, 지혜 추구	정신적 가치 추구
		진리 수호,	
	인성 발전 상태		
비전 잠재력	관심사		
	재능(달란트)	논리수학지능(90)	언어지능(65)
	성격	(주) 5번	(날개) 6번
비전 기술력	관심사검사		
	4 Skill Balance 검사	생각(77)	언어(63)
	미래인재준비역량		
비전 구상력	구상력	85.0	79
		72.5	
	확신 방식 성향		25
			60
비전 자기계발력	자기 성찰력	72.5	64
		52.5	
		91.7	
	언어 이해력	65.0	
		62.5	
	지각 조직력	42.5	
비전 전략력	계획력	85.0	75
		62.5	
		77.5	

	전략력	77.5	
		90.0	
		76.9	
		47.5	
비전 추진력	추진력	30.0	
		27.5	
		40.0	
		47.5	
비전 네트워킹력	네트워킹력	22.5	
		42.5	
		62.5	
		30.0	
		41.7	
비전 리더십 스타일	리더십 성향	5번	
		영성	

* 위의 도표는 실제 검사 사례의 일부이다.　　　　도표 양식 출처: globalrates.com

용할 수 있는 지혜를 갖추어야 한다.

　내적 역량이 선천적으로 주어진 것을 잘 훈련해 만든 자원이라면, 외적 역량은 살아가는 환경 속에서 외부로부터 얻어지는 자원이다. 외적 자원의 핵심은 '사람', '관계', '지역'이다. 당신이 지금까지 살아오면서 만든 관계들, 앞으로 살아가면서 만들 관계와 사람이 중요하다. 또한, 한국에서 태어난 것은 한국인으로서 해야 할 임무가 있기 때문이다. 세계화 시대에 태어난 것은 우리의 비전이 한국에서 시작해서 세계 곳곳으로 확장될 가능성이 추가되었음을 뜻한다. 한국인의 정체성을 가지고 글로벌 마인드를 가진 비전가가 될 수 있는 시대에 태어난 것이다. 그런 관계와 지역적 특성으로부터 나오는 다양한 도움이 당신의 외적 역량이 될 수 있다.

당신에게 없는 다른 것을 찾으려고 하지 마라. 대신 당신에게 없는 역량을 가진 비전가를 찾아 손을 잡아라. 혼자 이룰 수 있는 비전은 큰 비전이 아니다. 그러니 비전가도 '서로 힘을 합쳐 선을 이루는' 것을 배우고 익혀야 한다. 당신에게 없는 역량을 부러워하거나 불평하지 마라. 대신 당신에게 있는 것에 감사하고 기뻐하고 올바로 사용하도록 노력해야 한다. 당신에게만 주어진 특별하고 유일한 임무, 곧 비전은 당신의 비전 역량 안에 있다.

큰 나를 만드는
비전 자극

　　　　　　　　　비전 역량을 발견하고 계발하려면 어떻게 해야 할까? 가장 먼저 해야 할 일은 '자극'이다. 자극은 발견과 훈련에 모두 유익하다. 근육을 계속해서 자극하면 큰 근육으로 키울 수 있고 두뇌를 계속해서 자극하면 뇌를 발달시킬 수 있다. 마찬가지로 태어나면서부터 내 안에 숨어 있는 내적 역량들을 여러 가지 방식으로 자극하면 역량이 드러나고 강화된다. 필자는 이것을 '비전 자극'이라고 부른다.

　비전 자극에는 직접 자극과 간접 자극이 있다. 직접 자극은 말 그대로 다양한 직접적인 활동을 통해 역량을 자극하는 것이다. 대표적인 직접 자극은 경험과 여행이다. 다양한 경험을 통해 내 비전을 완수하기에 적합한 직업과 활동을 찾아낼 수 있다. 여행을 통해 어느 지역까지 비전의 영역으로 가질 수 있는지를 가늠할 수 있다. 반면에 간접 자극은 독서나 교육 등의 간접적 활동을 통해 역량에 대해서 생각하고 탐색해 보는 것이다. 아직 비전이 무엇인지 발견하지 못했는가? 시대에 대한 안목을 가지면 내 비전 영역에서 해야 할 일이 자연스럽게 떠오른다.

그래서 시대 변화를 이해하도록 돕는 교육은 좋은 비전 자극이 된다. 인간과 자연과 우주에 대한 이해를 돕는 교육도 좋은 비전 자극이다. 이런 다양한 교육적 자극을 통해서 우리 시대에 대한 통찰력과 이해력을 기르고 의식 수준이 성숙해진다. 중요한 것은 훈련 과정에서 얻은 성공은 물론 실패의 경험도 비전 역량으로 사용된다는 점이다.

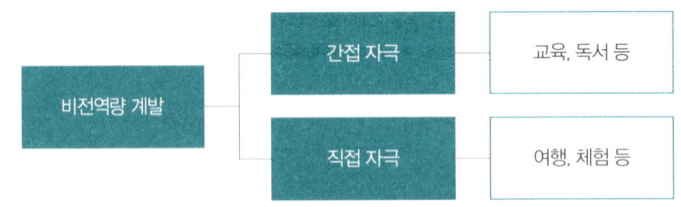

비전 역량 개발은 어려서부터 할수록 좋다. 어린 시절에 내적 비전 역량을 자극해 줄 책임은 부모에게 있다. 자녀를 비전가로 만드는 제1차 책임은 부모에게 있다. 가정은 비전을 깨닫고 발견하고 훈

련하는 공동체가 되어야 한다. 독서, 교육, 다양한 경험과 여행 등을 통해 아이들 안에 있는 내적 비전 역량이 자극받고 하나둘씩 드러나게 해야 한다.

비전 자극을 통해 관심사가 드러나고, 재능이 발견되고, 가치관이 형성되게 해야 한다. 비전 자극을 통해 생각의 기술을 훈련하고, 통찰력과 목표를 성취하는 지혜를 기르며, 이웃을 존중하고, 올바른 리더로서 살아가는 능력을 갖추게 해야 한다. 비전 자극을 받을 수 있는 또 다른 공동체는 학교다. 성인이 되면 자기 계발을 통해 스스로 비전 자극을 할 수 있다.

당신 안에 있는 비전 역량은 당신의 생각보다 크고 다양하다. 비전 자극을 멈추지 않는다면 평생에 걸쳐 잠재된 역량이 새롭게 발견되고 계발될 것이다. 문제는 비전 역량의 크기가 아니라 당신의 믿음이다. 그리고 훈련의 지속성이 문제다. 비전 역량은 당신이 믿는 만큼, 훈련한 만큼 계발될 것이다. 당신이 세상을 통찰하는 만큼, 자신을 알아가는 만큼 계발될 것이다.

영역이 넓어지고 이해가 깊어지며 훈련이 충실하게 진행되는 만큼 비전도 커지고 책임도 커진다. 올바른 비전은 나무가 자라듯 자란다. 비전 자극을 평생토록 이어가면 비전도 선순환의 나선형을 이루며 계속 자라고 발전한다. 어느 순간 비전감이 시작되고 자라서 성숙하고, 크고 넓게 퍼져나간다. 작은 싹에서 시작되었던 비전이 점점 자라 수많은 새가 깃드는 큰 나무가 되고 울창한 숲을 이룬다.

비전가에게 은퇴란 없다. 비전가의 삶은 은퇴 이후에 제2의 인생을 사는 유익한 도구가 아니다. 태어나면서부터 시작하여 생애를 마감하는 그 날까지 쉬지 않고 함께 하며 성장하는 것이 비전이고 비전가의 삶이다.

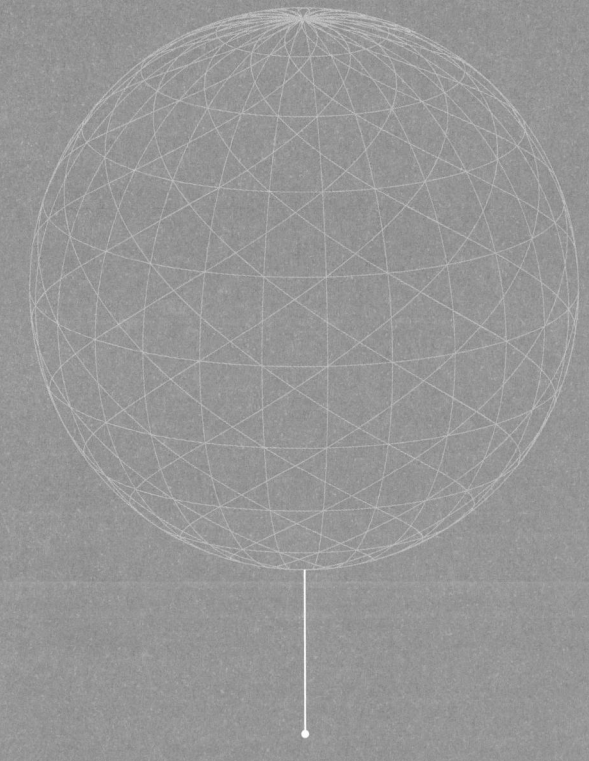

chapter **3**
흔들림 없는 인생을 계획하는
비전 5단계

RE-DESIGN YOUR FUTURE

미래준비
학교

    필자는 오랫동안 비전가를 세우기 위해 강의를 비롯한 다양한 노력을 해왔다. 그때마다 구체적인 프로그램을 소개해달라는 요청을 많이 받았다. '미래준비학교'는 비전과 비전가를 세우는 다양한 시도의 결과물이다. 구체적 프로그램을 소개해 달라는 요청에 대한 필자의 응답 중 하나이다.

    1장과 2장에서 비전의 중요성과 철학과 개념에 관해서 설명했다면, 이번 장에서는 독자가 비전가로 설 수 있도록 돕기 위해 필자가 진행하는 미래준비학교를 중심으로 구체적인 훈련 방법과 사례를 소개한다. 미래준비학교는 필자가 연구한 비전과 비전가에 대한 철학을 최대한 반영한 훈련 프로그램이다. 부족하지만 현재 수준에서 필자의 아이디어와 현장에서의 고민과 결과물들을 집약해서 정리하였다. 그러나 미래준비학교 프로그램이 당신을 비전가로 세우는 유일한 교육과 훈련 프로그램은 아니다. 필자가 운영하는 미래준비학교는 여전히 부족한 점이 있다. 앞으로도 계속해서 다듬고 발전할 것이다. 하지만 필자의 미래준비학교 프로그램이 스스로 비전가의 삶을 살기를 원하고 그것을 위해 지금도 노력하고 있는 사람에게 하나의 작은 기준이나 실례로서 도움이 될 수는 있겠다는 희망 섞인 기대를 하며 소개한다.

먼저 비전을
스케치한다

　　　　　　　미래준비학교에 입학한 것을 환영한다. 미래준비학교는 시대적 소명을 찾고 훈련하고 완수하는 비전가를 세우는 과정이다. 미래준비학교에 입학하면 첫 번째 단계에서 '비전 스케치'를 한다. 비전의 출발점에 서는 단계다. 영어 단어 '스케치Sketch'는 어떤 사건이나 내용의 전모를 간략하게 적거나 대략 간추린 모양을 그려보는 것을 의미한다. 비전 스케치는 개략적으로 나의 비전이 무엇인지 '밑그림'을 그려서 살펴보는 단계다. 비전을 첫 단계에서 완벽하게 그릴 수는 없다. 가치와 세상과 자신을 이해하는 깊이와 넓이가 아직은 부족하기 때문이다. 가치, 세상, 자신을 깊고 넓게 이해하려면 상당한 시간이 필요하다. 가치 있는 시대적 소명을 완벽하게 깨닫는 데는 많은 시간과 훈련이 필요하다. 그래서 첫 단계에서는 비전을 대략 간추린 모양으로 찾아보는 데 만족해야 한다.

완벽하지 않더라도 밑그림을 그리는 것은 아주 유익하다. 방향을 잡아 주기 때문이다. 어디서 출발해야 하는지를 알려 주기 때문이다. 비전을 완벽하게 찾고 계발하는 데는 5가지 단계가 필요하다. 당신이 비전가로 세워지는 5단계.

필자가 운영하는 미래준비학교에서 비전을 찾고 훈련할 때에는 나에 대한 이해에서부터 출발한다. 올바른 비전 인식은 가치를 찾고, 시대의 변화를 통찰하며, 그 가운데서 나에게 맞는 비전 역량(재능)이 무엇인지를 파악하여 구체적인 비전을 발견하는 논리적인 순서를 따라 이루어진다. 하지만 필자가 미래준비학교를 오랫동안 진행하면서 좀 더 효율적인 방법을 발견했다. 바로 순서를 거꾸로 시작해서 세 가지를 나선형으로 강화해나가는 것이다. 나에 대한 이해에서 시작하기가 가장 쉽고 편하다. 비전 역량 진단 검사를 통

한 나에 대한 기초적인 이해를 출발점으로 삼고, 다음으로 시대 변화를 공부하고, 마지막으로 나와 시대를 관통하는 가치가 무엇인지를 공부하는 순서로 가는 것이 가장 효율적이다.

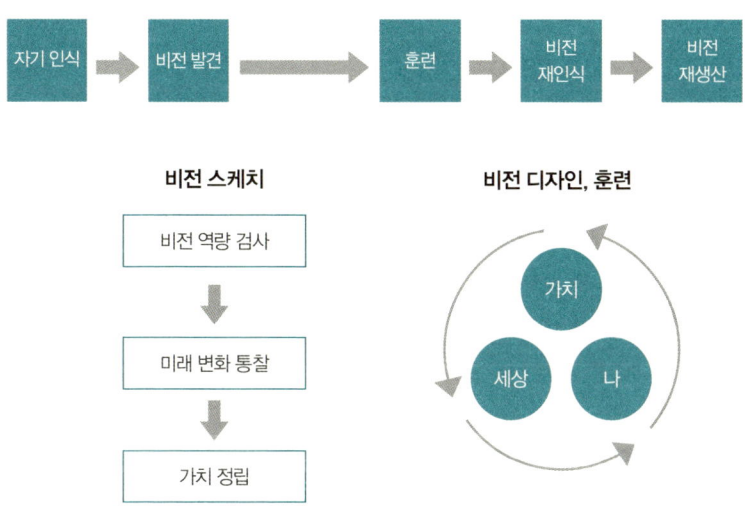

내 손 안에 있는 것이
무엇인가?

많은 사람이 비전을 완수하려면 무슨 특별한 능력이나 운이 따라야 한다고 오해한다. 그러나 모세가 이집트의 압제에 고통받는 이스라엘 민족을 구원하는 지도자로서의 소명을 받을 당시 나이가 80세였음을 기억하라. 모세가 호렙산 불타는 떨기나무 아래서 신에게 질문했다. "그들이 나를 믿지 아니하며 내 말을 듣지 아니하고 이르기를 여호와께서 네게 나타나지 아니하셨다고 하면 어떻게 해야 합니까?" 이에 대한 신의 대답은 간단했다.

> **네 손에 있는 것이 무엇이냐?"**

이것이 모세가 자신의 비전을 완수하기 위해 사용한 비전 역량의 출발점이었다. 우리도 내 손에 있는 것에서부터 시작해야 한다. 먼저 내 안에 이미 갖추고 있는 비전 역량을 찾아야 한다. 미래준비학교에 입학한 사람들은 가장 먼저 필자가 개발한 'CYS 비전 역량 진단 검사'를 실시하여 내 안에 잠재해 있는 비전 역량이 대략 무엇인지를 찾는 것부터 시작한다. 이를 바탕으로 자기 성찰과 주변 사람의 평가로 역량 진단을 보완하는 과정을 반복한다. 앞에서 설명했듯이 비전 역량은 자극을 받고 훈련하면 계속 발전한다. 이런 점들을 고려하여 미래준비학교에서는 다음 단계로 올라갈 때마다 '비전 역량 진단 검사'를 반복적으로 실시한다. 미래준비학교를 수료한 후에도 1년에 최소 1회는 정기적으로 하기를 권하고 있다. 훈련의 정도를 평가하고 다음 훈련에 대한 제안을 얻기 위함이다.

필자가 개발한 비전 역량은 비전 방향성, 가치 방향, 잠재력, 기술력, 구상력, 자기 계발력, 전략력, 리더십 스타일을 점검하고 각 역량의 발전을 평가한다. 각각의 역량 항목들은 다양한 세부 역량으로 나뉜다. 모든 세부 역량과 항목들을 점검하고 평가하기 위해 1시간 정도의 시간을 들여서 200여 개 질문으로 구성된 '비전 역량 평가지'에 답을 한다. 질문에 답을 다 하고 난 후에는 '비전 역량 해석지'가 제공된다. 비전 역량 평가지와 해석지는 미래학에 근거한 평가, MBTI, STRONG 직업 흥미검사, 에니어그램Enneagram, 다중지능

CYS 비전 지수

비전코드	세부역량	검사결과	
비전 방향성	비전 방향성	지적연구	
비전 가치 방향	비전 가치 성향	지식, 지혜 추구	심신적 가치
		진리 수호	
	인성 발전 상태		
비전 잠재력	관심사		
	재능(달란트)	논리수학지능(90)	언어지능(65)
	성격	(주) 5번	(날개) 6번
비전 기술력	관심사검사		
	4 Skill Balance 검사	생각(77)	언어(63)
	미래인재준비역량		
비전 구상력	구상력	85.0	79
		72.5	
	확신 방식 성향		25
			60
비전 자기개발력	자기 성찰력	72.5	64
		52.5	
		91.7	
	언어 이해력	65.0	
		62.5	
	지각 조직력	42.5	
비전 전략력	계획력	85.0	75
		62.5	
		77.5	
	전략력	77.5	
		90.0	

		76.9	
		47.5	
비전 추진력	추진력	30.0	
		27.5	
		40.0	
		47.5	
비전 네트워킹력	네트워킹력	22.5	
		42.5	
		62.5	
		30.0	
		41.7	
비전 리더십 스타일	리더십 성향	5번	
		영성	

도표 양식 출처: globalrates.com

Multiple Intelligence 이론들을 반영하여 만들었다.

비전 역량 진단 검사 해석지에는 비전 스케치를 할 수 있는 평가 자료들이 포함되어 있다. 관심사, 재능, 미래 유망성, 핵심 가치 항목들을 가지고 개략적인 비전 '밑그림'을 그려 보는 비전 스케치 단계에서 '관심사' 항목은 아주 중요하다. 오늘의 관심은 특별한 내일을 만드는 중요한 자원이기 때문이다. 내 가슴을 뛰게 하는 관심사는 내 안에 숨어 있는 비전의 씨앗을 발견하는 쉽고 효과적인 방법이다.

다음의 표와 그래프들은 필자가 비전 역량 진단 검사 해석지를 통해 조언해 주는 내용의 일부다. 비전 역량 진단 검사 항목들에 대한 평가 내용, 항목별 점수 해석, 평가 결과들을 기반으로 한 훈련 제안들이 담겨 있다.

	외향력	내향력	현실 파악력	미래 통찰력	성취력	융통력
점수	25	60	63	85	48	40
순위						

	논리수학 지능	언어 지능	공간 지능	음악 지능	신체운동 지능	인간친화 지능	자기성찰 지능	자연친화 지능
점수	90	65	43	25	43	23	73	25
순위								

	유형 1	유형 2	유형 3	유형 4	유형 5	유형 6	유형 7	유형 8	유형 9
점수	53	30	30	10	78	20	43	28	28
순위									

	생각	언어	감성	몸	영성
점수	77	63	30	40	92
A type			42		
순위					

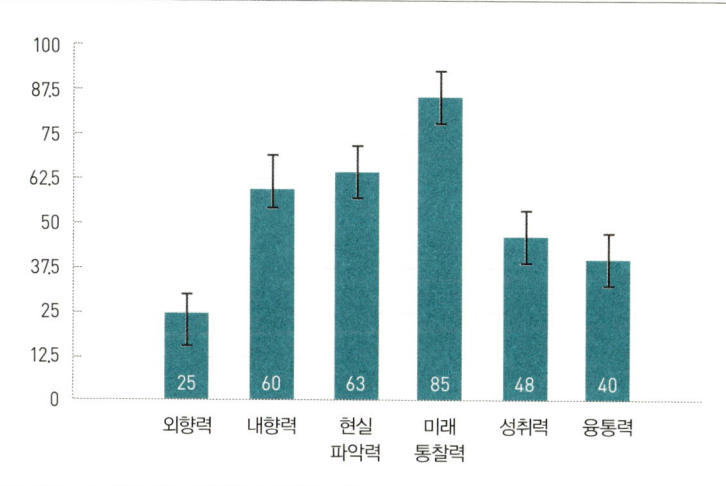

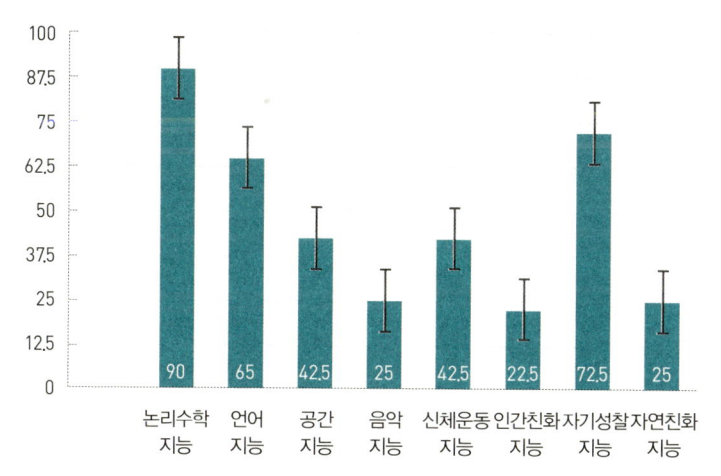

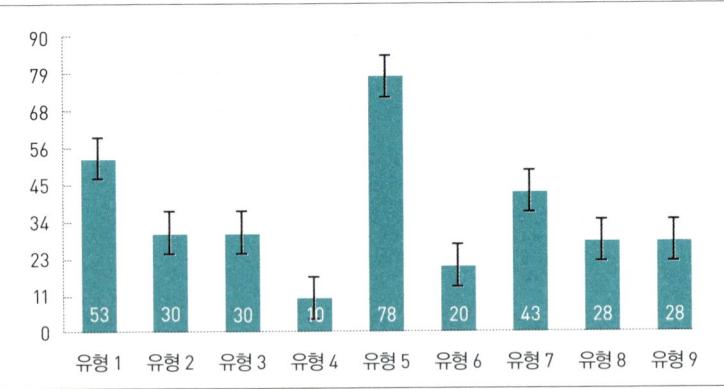

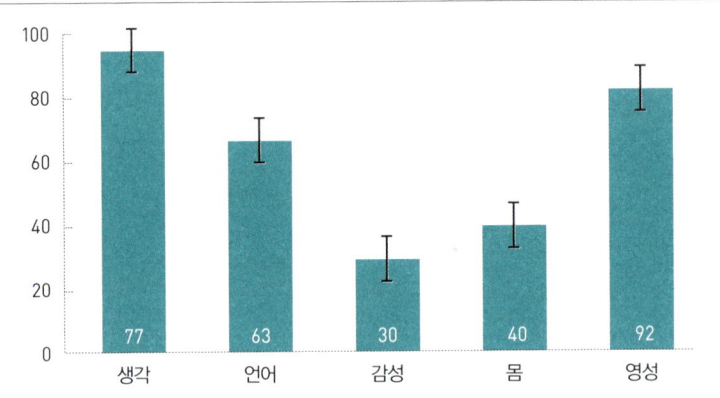

순위	가장 재능이 높은 영역	좀 더 구체적인 영역
	영성	자아성찰을 하다, 열정을 내다, 가치를 생각하다, 종교활동을 하다, 삶과 죽음 이후 세계를 생각하다.
	생각	논리적으로 생각하다, 분석·평가하다, 창조하다, 전략을 세우다, 종합하다, 탐구·연구하다, 통찰하다.
	언어	가르치다, 논리적으로 말하다, 논리적으로 글을 쓰다.
	몸	손으로 작동하다.
	감성	동감하다, 마음으로 받아주다.

순위	나의 핵심가치 정리
	지식, 지혜 추구
	신, 종교생활
	존중, 존경
	성과, 탁월함, 전문가, 명성
	성실, 책임, 최선을 다함
	창의, 새로움, 혁신, 자율성

	비전 구상력	비전 외향력	비전 내향력	비전 자기계발력	비전 계획력	비전 전략력	비전 추진력	비전 네트워킹력
점수	79	25	60	64	75	73	36	40
순위								

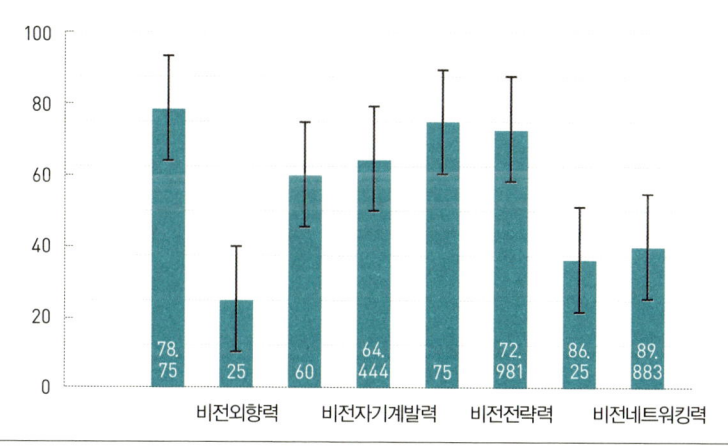

흔들림 없는 인생을 계획하는 비전 5단계

특별한 비전은
오늘의 관심에서 시작한다

　　　　　　　　　할리우드의 스티븐 스필버그 감독은 '쥬라기 공원'이라는 영화 한 편으로 한국이 자동차를 꼬박 1년 동안 수출해야 벌 수 있는 규모의 엄청난 돈을 벌었다. 이 일로 인해 당시 우리나라 언론과 정부까지 나서서 한국의 영화산업을 중흥시켜야 한다고 목소리를 높인 적이 있었을 정도였다.

　스필버그 감독은 유대인이라는 이유로 소외되고 외로운 어린 시절을 보내야 했다. 특히 모든 사람이 즐겁게 얘기하며 서로 축하해 주는 크리스마스와 같은 명절이 되면 그가 느끼는 외로움과 소외감은 더욱더 컸다. 화려한 장식과 현란한 불빛, 커다란 트리 밑에 쌓인 선물들로 즐거워하는 여느 친구들의 집과는 다르게 스필버그의 집은 초라했다. 그의 아버지는 늘 유대인임을 자랑스럽게 여겨야 한다고 말했지만 어린 스필버그에게 피부로 와 닿는 것은 자랑스러움보다는 깊은 외로움이었다. 어린 스필버그는 외로움이 커질수록 그것을 이겨낼 방법을 찾아냈다. 바로 자신의 마음속에서 수많은 상상의 친구들을 그려내는 것이다. 꿈과 사랑, 희망과 환상, 그리고 아름다운 동화의 나라와 같은 상상이 그의 머릿속에서 펼쳐졌다. 스필버그는 환경이나 남을 탓하거나 부모를 원망하는 대신 자기가 진정으로 관심을 가진 것에 집중했다. 나아가 상상 속의 꿈을 현실로 만들어 내기 위해 혼자 영화를 만들기 시작했다. 어른이 된 스필버그는 어렸을 적 외로울 때마다 떠올렸던 자신의 상상 속 친구들과 꿈을 하나씩 영화로 풀어냈다. 'E.T'와 '쥬라기 공원' 같은 영화가 이렇게 세상에 나올 수 있었다.

> **비전은 작은 관심에서부터 시작한다!**
> **오늘의 작은 관심이 특별한 내일의 비전을 만든다!**

힘들고 외롭다고 느끼는가? 당신을 힘들게 하는 것을 생각할 시간에 당신의 주의와 관심을 끄는 것을 생각하라. 어떤 관심사는 시간이 지나면서 잊히기도 하지만, 어떤 것들은 계속해서 당신의 관심을 사로잡고 감정을 흔들어댄다. 설레게도 하지만 마음을 괴롭게 만들 수도 있다. 무언가에 사로잡혀 잠을 설치기도 하고, 걷거나 앉아 있어도 온통 머릿속에서 떠나지 않는다. 때론 당신의 가슴을 태워버릴 듯 강렬하게 다가온다. 이처럼 간절한 관심은 당신의 마음속에 고귀하고 위대한 비전의 씨앗이 만들어지고 있음을 보여주는 징표다.

당신의 관심사가 무엇인지 적어보라. 이때 가장 중요한 것이 "모든 것이 다 가능하다"고 전제하는 것이다. 관심사 항목을 적어 보라고 하면 고민만 하고 거의 못 적는 사람들이 있다. "이것은 부모님이 싫어하니 안 되고, 이것은 두려워서 못하겠고, 이것은 내 실력이 안 돼서 힘들고, 이것은 돈이 부족해서 안 되고…" 이런저런 안 될 이유와 조건을 계산하다가 하나도 적지 못하는 것이다. 여기서는 어떤 조건도 따지지 말고 관심을 끄는 것이면 무엇이든 적는 것이 중요하다.

관심사 목록을 작성한 다음에는 내가 가진 재능이나 훈련된 역량이 무엇인지 파악한다. 관심사 중에서 나의 잠재된 재능이나 훈련된 역량과 연결되는 것은 비전에 한 걸음 더 가까운 영역이다. 비전 스케치 단계에서는 관심사와 일치하는 재능이나 훈련된 역량을 먼저 찾는 것이 우선이다. 그렇다고 잠재된 재능이나 훈련된 역량과 연결되지 않는 관심사라고 해서 버릴 필요는 없다. 비전 자극을 반복하면서 그런 관심사를 현실로 만들어 줄 숨은 재능을 발견하는 경우도 실제로 적지 않기 때문이다. 타고난 재능과 연결되지 않더라도 오랫동안 나의 가슴을 뛰게 하는 관심사라면 훈련을 통해 필요한 역량을 갖추면 된다. 그러면 최고의 전문가가 되지는 못하더라도 가슴을 뛰게 하는 그 관심 영역에 당신이 할 무엇인가가 있을 것이다.

내 안에 잠자는
거인을 깨워라

　　　　　　　　　어느 날 밤 한 남자가 술에 만취해서 흥에 겨워 노래를 부르며 비틀비틀 집을 향해 걸어가고 있었다. 그런데 갑자기 하늘에서 천둥 번개가 치면서 소나기가 퍼붓기 시작했다. 천둥 번개와 세찬 비에 정신이 번쩍 든 이 남자는 지름길로 길을 잡았다. 동네 공동묘지를 통과하는 지름길은 평소에는 무서워서 좀체 가지 않는 길이지만 지금은 험한 날씨 탓에 빨리 집으로 가고 싶은 마음에 발길을 돌렸다. 그래도 무서움까지 지울 수는 없어서 남자는 냅다 달리기 시작했다. 한 치 앞도 보이지 않는 칠흑같은 밤에 퍼붓는 빗속을 뚫고 뛰던 남자는 미끄러지며 그만 내일 장사지내려고 새로 파놓은 무덤으로 빠지고 말았다. 무덤에 빠진 남자는 빠져나오려고 발버둥을 쳤지만, 비가 와서 땅이 너무 미끄러운 데다가 술까지 먹어서 도저히 벗어나지 못했다. 한동안 발버둥 치다 힘이 빠진 남자는 탈출을 포기하고 날이 새기만을 기다리다가 잠이 들고 말았다.

몇 시간 뒤에 또 다른 남자가 지름길을 잡아 집으로 뛰어가다가 그만 이 남자가 잠들어 있는 무덤에 빠졌다. 나중에 빠진 남자도 온 힘을 다해 빠져나가려고 했지만 역시 헛수고였다. 그런데 그 남자가 온 힘을 다해 소리를 지르며 발버둥 치는 바람에 첫 번째 남자가 잠에서 깨어났다. 아직 술이 덜 깬 첫 번째 남자가 칠흑 같은 어둠 속에서 귀찮다는 듯이 말했다.

"포기하시오. 절대로 여기를 빠져나가지 못할 것이오." 빈 무덤이라고 생각했던 두 번째 남자는 어둠 속에서 들려온 소리에 깜짝 놀라 젖 먹던 힘까지 쥐어짜 무덤 위로 펄쩍 뛰어오르는 것이 아닌가. 그리고는 엄청난 속도로 집 방향으로 달려갔다.

우리는 이와 비슷하게 절체절명의 순간에 엄청난 잠재력을 발휘한 사람의 이야기를 언론을 통해 접하게 된다. 바퀴에 깔린 아이를 구하기 위해 어머니가 초인적인 힘을 발휘해서 트럭을 들어 올린 사례도 있고, 추락한 헬리콥터 안에 갇힌 동료를 구하기 위해 물속에 처박힌 헬리콥터를 들어 올린 남자의 이야기도 있다. 누구에게나 그런 잠재력이 있다. 물론 당신도 예외가 아니다.

1,400g 정도 되는 인간의 두뇌 속에는 150억 개가 넘는 기억세포가 존재한다. 우리의 시신경 줄 하나하나에는 약 80만 개의 아주 미세한 섬유가 달려 있어서 눈을 통해 들어오는 1억 3,200만 건의 정보(이것은 책으로 약 2천만 권 분량에 해당하는 정보다)를 뇌에 전달하고 기록할 수 있는 기능을 가지고 있다. 3백만 개의 공기 자루로 형성된 허파는 온몸에 퍼져 있는 약 3백조 개의 세포에 필요한 산소를 끊임없이 공급한다. 인간의 몸속에서 유기적으로 연결된 206개의 뼈와 656개의 근육은 이 땅에 존재하는 그 어떤 동물들보다 기능적으로 다양하고 탁월한 능력을 발휘할 수 있도록 구성되어 있다. 의학 전문가들의 연구에 의하면 인간의 손가락 피부는 1만 분의 1cm 밖에 안 되는 철 조각까지도 감지할 수 있으며, 어머니들은 자기 아이의 이마에 입술을 대는 행동을 통해 1천분의 4도밖에 안 되는 아주 미세한 체온의 변화까지도 구별해 낼 수 있다고 한다. 이처럼 인간은 신비로운 존재이며, 그 안에 감춰진 능력은 상상을 초월할 정도이다.

　비전은 사치이고 나에게는 특별한 관심사나 재능이 없다는 생각은 틀렸다. 아직 발견하지 못했을 뿐이다. 제대로 비전 자극을 받지 못해서 당신 안에 있는 무한한 잠재력이 아직 드러나지 않았을 뿐이다. 당신이 가진 모든 것이 비전 역량이 될 수 있다. 오직 서투른 목수만이 연장을 탓한다. 뛰어난 목수는 보잘것없는 연장을 가지고

서도 좋은 집을 지을 수 있고, 뛰어난 연주가는 망가진 피아노를 탓하지 않고 소리 나는 10개의 건반만으로도 멋진 연주를 해낸다. 가진 역량도 중요하지만, 더 중요한 것은 가진 역량을 어떻게 사용하느냐다. 평균수명이 40세도 안 되었던 시대에 80세가 되어서 새로운 소명을 받고 출애굽의 민족 지도자가 된 모세를 생각해보라.

당신 안에 이미 가지고 있는 것에 감사하고 자신감을 가져라. 그것만 가지고도 당신이 이룰 수 있는 비전은 무궁무진할 수 있다.

미래에 유망한
비전을 선택하라

관심사와 재능을 찾은 다음에 할 일은 관심사와 재능이 일치하는 것 중에서 '미래에 유망한 것'이 무엇인지 예측해 보는 것이다. 미래에 무엇이 유망할지를 예측하기 위해서는 미래 변화를 학습해야 하는데 이때는 무엇보다 전문가의 조언에 귀를 기울이는 것이 중요하다. 전문가들은 보통 사람을 대신해서 미래 변화를 수십 년 동안 전문적으로 연구해온 사람들이기 때문이다.

필자가 말하는 '미래 유망성'이란 단순히 남들이 보기에 좋거나 돈을 많이 버는 것을 의미하지 않는다. 미래준비학교에서는 다음의 5가지 기준을 가지고 '미래 유망성'을 판단한다.

1. 미래의 가치 있는 영향력

2. 미래의 행복성

3. (적절한 수준의) 미래 부富의 가능성

4. 미래의 지속가능성

5. 미래의 경쟁력

비전은 무엇보다 가치 있는 영향력이다. 영향력은 지배력과 다르다. 가치 있는 영향력은 누군가를 지배하는 힘이 아니므로 직업의 차이, 돈의 많고 적음, 계급의 차이에 의해서 결정되지 않는다. 어떤 사람은 높은 지위와 직책을 가졌지만 영향력이 작을 수 있다. 어떤 이는 부자도 아니고 남들의 관심을 끌 만한 직업을 가지고 있지도 못하지만, 대통령보다 더 큰 영향력을 끼치는 사람도 있다. 좋은 가치와 사랑의 마음으로 행해지는 모든 감동, 배려, 친절, 웃음, 행복, 정직과 정의로운 삶 등이 일상생활에서 발휘할 수 있는 가치 있는 영향력이다.

영향력 다음은 행복지수다. 올바른 비전은 나를 행복하게 만들고 이웃을 행복하게 한다. 비전과 행복의 관계는 둘 중의 하나를 버리고 하나를 선택해야 하는 관계가 아니라 동전의 앞뒷면과 같은 관계다. 올바른 비전은 행복을 열매로 맺는다.

적절한 수준의 미래의 부를 얻을 가능성이 세 번째 기준이다. 가치와 부_富_는 서로 대립하는 것이 아니다. 돈이 사람을 섬겨야 하는데 사람이 돈을 섬기는 것이 문제일 뿐이다. 부는 비전을 완수하는 데 필요한 자원이다. 비전에 따라서는 큰 부가 필요할 수도 있다. 돈은 사용하기에 따라서 더 많은 영향력을 발휘할 수 있는 에너지가 될 수 있다.

비전은 점점 자란다. 비전의 성장은 멈추지 않는다. 작은 일을 감당하면 더 큰 일이 맡겨진다. 그래서 비전의 지속가능성을 생각해야 한다. 지속가능성은 한곳에 편하게 오랫동안 머무를 수 있는 안주_安住_의 가능성이 아니라 지속적인 발전과 진보의 가능성을 의미한다. 그래서 관심사와 재능이 교차하는 영역이라 해도 1~2년 안에 끝나버리는 것이면 곤란하다. 비전이 꽃 피고 자라는 영역을 선택할 때는 미래에 지속가능한 영역을 선택하는 것이 좋다.

마지막 기준은 미래 경쟁력이다. 경쟁력이라는 기준도 무시할 수 없다. 100:1의 경쟁이 벌어지는 영역보다는 10:1의 경쟁 영역이 전략적으로 옳은 선택이다. 물론 때로는 10:1의 영역보다 100:1의 영역을 선택해야 할 때도 있다. 단 앞에서 언급한 4가지 조건을 모두 충족할 경우에 한해서다. 경쟁력을 생각해야 하는 이유는 우리가 가지고 있는 관심사나 재능이 많기 때문이다. 관심사와 재능이 단 하나밖에 없다면 반드시 그 길로 가야 한다. 하지만 우리 안에는 다양한 관심사와 재능이 잠재해 있다. 100:1의 경쟁 영역이란 그 일을 하려는 사람이 그만큼 많다는 뜻이다. 그래서 방향을 설정할 때는 경쟁력까지 고려하는 것이 지혜다. 내게 주어진 제한된 시간 안에서 나만의 고유한 가치를 바탕으로 선한 영향력을 더 크게 발휘하고 더 많이 남기기 위해서 무엇에 더 집중할 것인가를 선택해야 하기 때문이다.

관심사와 재능을 점검하고, 미래 유망성을 예측해 본 후에는 가치를 점검해야 한다. 비전의 열매는 부나 명예, 지식의 축적, 위대한 학문적 업적이 아니다. 큰 건물도 아니다. 비전의 열매는 가치다. 우리의 비전은 가치를 열매로 맺어야 한다. 이처럼 관심사, 재능이나 역량, 미래 유망성, 가치를 빠르게 훑어가면서 비전의 기본 방향을 잡아가는 것이 '비전 스케치' 단계에서 할 일이다.

비전의 터를
넓게 다져라

여기까지 단계를 밟아 왔다면 비전의 기본 방향과 밑그림을 그릴 때 사용하지 않은 관심사, 재능, 미래 유망 영역들이 남을 것이다. 지금은 우선순위에서 뒤로 미뤄둔 것 중에서 혹시 내가 변하고 세상도 변하면서 미래에 내가 정말 하고 싶은 것, 정말로 원하는 것들이 나올 수도 있지 않을까? 당연히 그렇다. 그래서 앞에서도 버릴 필요가 없다고 한 것이다. 비전 스케치 단계를 통해 설정한 것은 비전의 방향성이다. 필자는 이것을 '기본 비전'이라고 한다. 영어로 하면 'a Baseline Vision'이다. 나머지 역량들은 다음 단계인 '비전 디자인'에서 '또 다른 비전an Alternative Vision'을 찾는 작업을 할 때 사용할 것이다.

이밖에도 미래준비학교의 비전 스케치 단계에서는 올바른 자존감自尊感을 형성하기 위해서 나의 모습을 확고히 하는 터다지기를 한다. 자존감은 자존심自尊心과 다르다. 자존감은 자기의 품위를 스스로 지키려는 감정이다. 자존감은 자신을 존중하고 사랑하는 마음이다. 자존감은 삶의 모든 영역에 영향을 준다. 자신을 존중하고 사랑하지 않으면 미래를 꿈꿀 수 없다. 자존감이 흔들리면 비전가로 서기 힘들다.

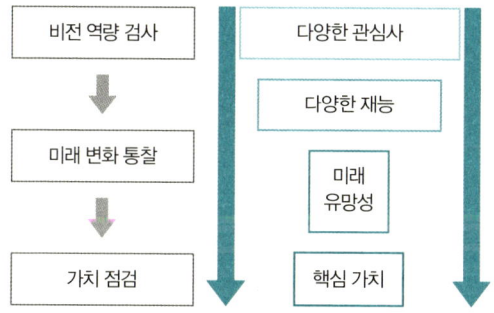

비전 스케치 단계에서는 기초적인 비전 자극도 중요하게 실행한다. 간접 자극으로 다양한 책 읽기를 과제로 낸다. 미래준비학교 커리큘럼에는 세상을 이해하기 위한 학문에 관한 교육, 다양한 학문의 책을 읽는 것, 본받을만한 인물 자서전을 읽는 것 등의 교육이 포함된다. 가능하면 다양한 분야를 읽는 것이 좋다. 폭이 넓고 종합적인 비전 자극을 위해서이다. 비전 자극은 어릴 때부터 일찍 시작할

수록 좋기 때문에 가정 교육과 연계해서 다양한 과제나 훈련을 받게 하는 것도 좋은 비전 자극이다. 경제 훈련, 리더십 훈련, 과학 탐험, 종교 활동도 좋은 비전 자극 프로그램이 된다. 다양한 과제나 훈련을 하면서 어떤 분야나 어떤 스타일의 과제·훈련에 반응을 보이는지 관찰하라. 흥미를 느끼는 대상이 무엇인지 지속적으로 점검하라. 자신감을 갖게 하거나 신나게 만드는 요인이 무엇인지 찾아보라. 가슴을 뛰게 하는 것이 무엇인지 관찰해 두자. 같은 시간과 노력을 기울였음에도 불구하고 좀 더 재능을 발휘하는 영역이 무엇인지 관찰해서 기록하는 것도 잊지 말자. 이때 중요한 것은 어떤 주제, 어떤 스타일, 어떤 일에 관심을 보이는지 1:1 맞춤형으로 관찰하고 기록해 두는 것이다.

　직접 자극으로 짧은 여행이나 현장 체험을 실행하기도 한다. 세상을 직접 체험하면서 다양한 자극을 받게 하기 위함이다. 여기에는 특별한 기술이 필요하지 않다. 늘 하던 대로 여행을 떠나되 맞닥뜨리는 환경이나 체험에서 비전과 관련해서 무엇을 느끼고 도전받고 알게 되었는지를 생각하고 관찰하고 기록하는 일만 추가하면 된다. 가능하면 다양한 분야와 환경을 경험하면서 골고루 균형 있게 자극을 받게 하라. 모든 활동에서 명심할 것은 끊임없는 관찰과 기록이다. 미래준비학교에서는 미래 비전 코치가 비전 자극을 하면서 관찰하거나 상담한 내용, 개인 스스로 발견한 것들(자극받고, 도전받고,

감동받고, 깨닫고, 다짐하고, 해보고 싶고 할 수 있다고 생각하는 것 등)을 꼼꼼히 메모하여 각자의 비전 파일을 만들어 놓는다. 비전 파일을 만드는 방법은 규격화된 형식을 따를 필요는 없다. 느낀 점을 간략하게 기술해도 좋고, 도전받은 키워드를 써도 좋고, 비전 코치가 관찰한 내용이나 평가 사항들을 써넣어도 좋다. 중요한 것은 '기록하여 자료로 남기는 것'이다. 이런 기록이 한두 번일 때는 큰 위력을 발휘하지 못하지만, 몇 년 동안의 기록이 쌓이면 비전 방향을 찾지 못하는 이는 거의 없다.

미래준비학교에서는 이처럼 다양한 비전 자극을 통해서 자신 안에 감춰져 있는 값진 금광석을 찾아 비전의 방향이나 밑그림을 찾도록 도와준다. 비전을 발견하지 못한 사람은 직·간접 자극을 충분히 받지 못했을 가능성이 크다. 또한 비전 자극이 부족한 상태에서 너무 빨리 "나는 아무것도 할 수 없어!", "세상의 벽은 너무 높아!"라고 생각해서 자신의 미래 설계와 비전 설정을 포기해 버렸을 가능성이 크다.

비전 자극이 다양하고 범위가 넓을수록 찾아낼 수 있는 비전의 범위도 커진다. 반대로 비전 자극이 적고 범위가 좁을수록 비전의 범위도 작아진다. 그래서 미래준비학교에서는 비전 자극을 매우 중시한다. 그리고 비전 자극은 스스로 평생 해야 하는 즐거운 일이라고 가르친다. 비전은 끊임없이 발견되고 자라는 생명체와 같기 때문이다.

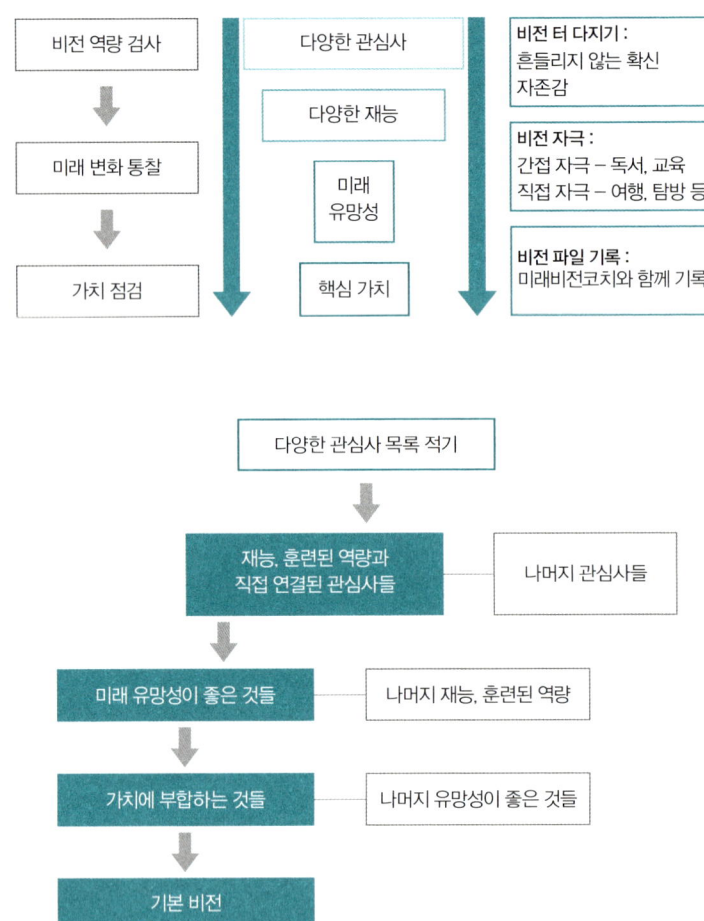

비전 디자인,
좋은 선택과 결정의 시간

어느 대학교에서 자살을 시도한 60명을 조사했다. 뜻밖에도 자살을 시도한 학생들의 93%가 사회적 활동에서 적극적이었고, 성적도 우수했으며, 가족관계도 원만했다. 그 학생들에게 자살을 시도한 이유를 물었는데 85%가 '자신의 삶이 무의미하고 목적이 없는 것처럼 보였기 때문'이라고 대답했다. 겉으로 보기에는 자살을 시도할 이유가 전혀 없어 보이는 학생들의 내면을 지배한 것은 바로 공허함이었다. '삶의 방향성'을 잃고 '꿈과 비전'이 없었기에 삶의 의욕을 잃은 것이다.

"비전을 갖고 싶다. 그러나 어떻게 비전을 찾을지 모르겠다. 비전을 이루기 위해서는 무엇을 해야 하는지도 잘 모르겠다."

필자가 젊은 시절 이런 고민을 하소연해온 청소년에게 다음과 같이 조언해주었다.

"큰 꿈을 품으세요! 그리고 간절히 소망하세요!"
"꿈을 잃지 않고 소망하면 언젠가는 당신의 꿈이 어떠한 방법으로든 이루어질 것입니다!"

물론 틀린 말은 아니었다. 그러나 지금 돌이켜 생각해보면 조금 무책임한(?) 말이었다. "언젠가는…"이라는 말이 너무 막연하기 때문이다. 많은 사람이 의욕을 가지고 비전을 세우지만, 현실의 난관을 만나서 도중에 무너진다. 이런 현상을 보며 필자는 어떻게 하면 단지 비전에 대한 동기부여에서 끝나지 않고 비전을 완수할 때까지 동기부여가 사라지지 않을 수 있을지 고민했다. 그리고 올바른 비전을 찾고 계속 성장시킬 수 있는 좀 더 구체적이고 실제적인 코칭 방법을 연구했다.

미래준비학교는 이런 고민에 대한 필자 나름의 답이다. 철학, 신학, 윤리학, 미래학과 경영학을 공부하고 다양한 연구를 수행하면서 얻은 깨달음을 종합해서 한 단계 발전한 비전 훈련 프로그램을 만들고 실험해왔다. 특히 미국의 휴스턴대학 University of Houston Clear Lake 에서 '미래학 Futures Studies'을 전공하면서 익힌 미래를 예측하고 준비하는 기술을 미래준비학교에 접목했다. 그래서 미래를 예측하는 안목과 통찰력을 훈련하고, 자신의 비전을 찾아 시대를 변화시킬 구체적 소명을 설계하고, 기필코 자신의 비전을 완수할 수 있도록 최선의 방법을 찾아 노력할 수 있도록 돕기 위한 프로그램으로 만들었다.

미래준비학교에서 2단계인 비전 디자인 단계는 깊은 성찰과 탐구를 거치며 좋은 선택과 결정을 하기 위한 시간이다. 시간을 들여 좋은 선택의 기준을 찾기 위해 고민하고, 지혜롭게 계획을 세우고 전략을 짜는 작업을 한다.

비전과 관련해 자신의 상황과 현장 그리고 자료들을 주도면밀하게 조사하고 분석하고, 미래에 예상되는 장애물과 문제들을 예측해 보며, 위기와 기회가 교차하는 현실에서 위기에 대처하고 기회를 내 것으로 만들어서 비전을 완수하는 데 필요한 지혜와 행동 기술을 고민해 보는 시간도 포함된다. 이렇게 객관적인 인식을 바탕으로 구체적이고 진지하게 디자인하지 않은 비전이란 그저 머릿속에 맴돌다 사라지는 공상에 그치기 쉽다.

미래준비학교 1단계인 비전 스케치에서 개략적으로 나의 비전이 무엇인지 '밑그림'을 그려보았다면 2단계인 비전 디자인에서는 비전 스케치 단계보다 정교하고 수준 높은 지혜를 사용하여 세밀하게 다듬고 성장시키는 작업을 하게 된다. 처음에 비전 밑그림, 비전 씨앗이 만들어지면, 그다음부터 할 일은 계속해서 비전이 자라게 하는 것이다. 미래준비학교 3단계인 '비전 훈련' 역시 기본적으로는 비전을 자라게 하는 과정이다.

비전 프레임,
비전이 성장하는 구조

비전 디자인 단계의 첫 번째 과정은 '비전 프레임Mission Frame'을 이해하는 것이다. 비전 프레임이란 용어는 '가치 있는 + 시대적 + 소명'이 어떻게 성장하는지를 설명하기 위해 필자가 만든 단어이다. 즉 비전 프레임은 무엇이 어떻게 비전을 성장시키는지, 그 구조에 대한 설명으로 그림으로 표현하면 다음과 같다.

비전이 자라기 위해서는 2가지가 필요하다. '영적 직관력Spiritual Intuition'과 '이성적 판단력Intellectual Judgment'이다. 직관력은 영성Spirituality이 드러나는 하나의 통로다. 판단력은 이성이 발휘되는 중요한 통로다. 비전이 자라기 위해서는 영적 직관력과 이성적 판단력을 균형 있게 사용하는 지혜가 필요하다.

2개의 중심 요소 중 영적 직관력은 다시 영감Divine Inspirations과 '정신적 가치'Divine Values, 이성적 판단력은 과거와 현재 정보Information, 미래예측Forecasting Futures의 하위요소들로 구성된다. 이 4가지 하위요소를 비전의 정의인 '가치 있는 시대적 소명'과 연결시켜 보자. '가치 있는'은 '영감'과 '정신적 가치'를 통해 좀 더 구체적으로 접근할 수 있다. '시대적'은 '미래예측'과 연결되고, '소명'이란 요소는 '과거와 현재 정보'와 직결된다. 각각의 항목에 대해서 자세하게 살펴보자.

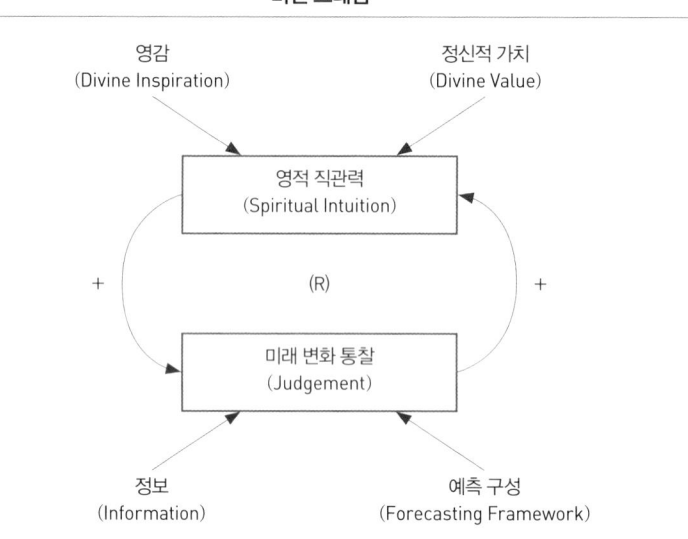

비전 프레임

(위의 비전 프레임 그림에서 (R)은 '강화 피드백 Reinforcing Feedback Loop'을 나타낸다. '+' 표시는 강화 피드백 중에서도, 예를 들어 마이크로 들어간 소리가 더 커져서 스피커로 나오는 것과 같은 증가형 강화 피드백임을 나타낸다)

영적 직관력 훈련,
비전을 성장시키는 힘

비전을 성장시키는 구조인 비전 프레임에서 중심은 영적 직관력이다. 영적 직관력을 이루는 2가지 하위요소 중 영감은 '외부로부터 주어지는 영감'이다. 종교 행위를 하거나, 기도·명상을 통해서, 또는 경전이나 감명 깊은 책을 읽고 배우는 과정을 통해서, 때로는 직관이나 환경을 통해서 고귀한 뜻을 깨닫는 것이다. 그래서 영감靈感이라고 했다. 그러나 반드시 종교적인 것만을 의미하지는 않는다. 종교가 없는 사람이라면 '자기 외부에서 내부로 들어오는 영감, 감동 혹은 통찰'로 이해할 수 있을 것이다.

영감은 엄밀하게 말하면 주관적인 영역이다. 그래서 '정신적 가치'를 통해 객관적인 검증을 받아야 한다. '정신적 가치'는 내가 받은 '영감'이 단지 개인의 야망을 채우려는 욕구인지, 아니면 나와 가족과 이웃과 인류를 위해 가치 있는 것인지를 검증하는 안전장치다. 그래서 '정신적 가치'는 비전의 건강도를 재는 척도다. 종교인에게 '정신적 가치'의 척도는 경전일 것이다. 내가 받은 감동과 깨달음이 신에게서 나온 것인지, 세속적 지식에서 온 것인지, 내 욕심에서부터 나온 것인지를 경전을 통해 평가할 수 있다. 경전에 비추어서 문제가 없다고 평가되면 건강하고 가치 있는 영감일 가능성이 크다. 비종교인에게는 윤리와 도덕, 인간의 양심 등이 판단 기준이 될 수 있다.

'정신적 가치'는 인간적 욕망에 대한 유혹을 견제하는 힘으로도 작용한다. 비전을 추구하는 과정에서 인간은 실수할 수 있고 나쁜 유혹에 빠질 수도 있다. '정신적 가치'는 인간됨의 근본, 타인에 대한 사랑의 근본, 겸손, 비전가의 참모습, 가족과 이웃에 대한 참된 자세를 잊지 않게 해 준다. 스스로 경계하고 교만하지 않도록 자신을 다스릴 수 있도록 해준다. 성공 안에는 우리를 교만하게 만들고 타인을 무시하며 오만하게 만드는 가시가 숨어 있다. 가치는 이런 가시에서 당신을 보호해 줄 수 있다.

'정신적 가치'는 다음 그림처럼 나, 이웃, 정신적 가치의 3가지 영역이 겹쳐지는 영역 안에 있다. 도덕과 양심에 기초한 가치 있고 건

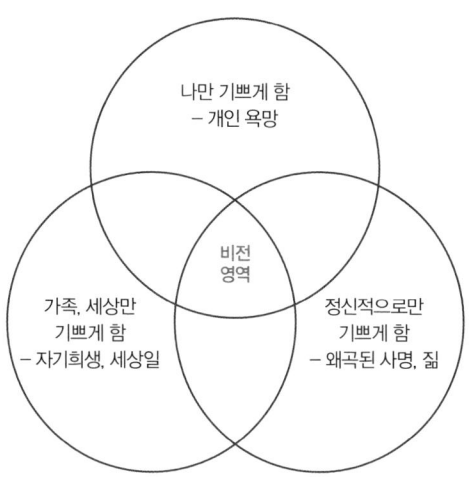

강한 비전은 높은 정신적 만족감을 준다. 그러나 참된 정신적 가치는 동시에 이웃(가족과 세상, 인류)에게도 기쁨이 되어야 하고, 나 자신에게도 진정한 기쁨을 주어야 한다. 윤리와 도덕, 양심을 추구하는 것은 매우 좋고 올바른 방향이지만 나와 가족 이웃 세상에 기쁨을 주지 못한다면, 그것은 건강하지 않은 비전이다.

진정한 비전은 건강한 방향감을 가져야 한다. 정신적으로도 가치 있고, 이웃(가족과 세상, 인류)에도 가치 있고 동시에 나 자신에게도 가치 있어야 한다. 비전이란 이름으로, 높은 도덕적 기준을 내세워 나를 괴롭게 하고, 가족과 이웃을 비참하게 만드는 것은 균형을 잃은 건강하지 않은 비전이다. 물론 정신적 가치, 이웃, 나를 동시에 만족시키기는 쉽지 않다. 비전가의 삶을 가족과 이웃이 이해하는 데는 시간이 필요하다. 그러나 시간이 걸릴 뿐이지 올바른 비전은 결국 모두를 감동시키고 행복하게 만든다. 비전가의 길을 가는 것이 가족도 버리고, 내 몸을 괴로움으로 찌르며, 이웃과 세상과 치열하게 싸우고 비난하고 짓밟는 것이라는 생각은 틀렸다. 이런 잘못된 개념과 생각은 우리가 비전가의 길로 들어서는 것을 방해할 뿐이다. 이런 길을 누가 가려 하겠는가? 비전의 결과는 파괴나 버림이 아니고 자신과 가족과 이웃을 해하는 것이 아님을 명심해야 한다. 진정한 비전은 거꾸로 사람을 살리고 치료하고 잃어버린 행복을 되찾게 하는 것이다.

가족과 이웃에만 가치 있고 즐거움을 주는 것이라면 단지 좋은 세상일일 뿐 나의 비전이 아닐 가능성이 크다. 세상에는 필요한 일, 해야 할 좋은 일은 헤아릴 수 없이 많다. 그러나 우리는 한정된 시간을 사는 인간이다. 우리는 일생을 통해 가진 재능과 능력으로 가장 크게 이바지할 수 있는 가치 있는 일이 무엇인지 최선을 다해 찾아야 한다.

그리고 비전이 나에게만 가치 있고 즐거움을 주는 욕망의 영역에 치우치지 않도록 경계해야 한다.

건강하고 균형 잡힌 비전은 나에게도 세상에도 정신적으로도 모두 기쁨이 되고 가치 있는 것이다. '정신적 가치'를 점검할 때 3가지 영역을 점검해야 하는 이유이다.

이성적 판단력 훈련,
비전을 완수하는 지혜

비전이 균형감 있게 성장하려면 '이성적 판단력'을 잘 사용해야 한다. 이성적 판단력은 아이큐가 좋은 것과는 다르다. '이성적 판단력'은 영감을 현실과 연관시키는 지혜의 능력, 전략을 세우는 능력이다. 미래를 이끌어 갈 비전가에게는 '영감' 못지않게 영감을 '현실화'할 수 있는 자질로서 이성적·합리적 판단력이 중요하다. "가슴은 뜨겁게 머리는 차갑게"란 격언이 있다. 영감(비전의 씨앗)을 '뜨거운 가슴'에 비유한다면, 영감을 현실화하는 자질인 이성적 판단력은 '차가운 머리'에 비유할 수 있다. 영감을 현실화할 수 있는 '이성적 판단력'을 발휘하려면 '과거와 현재에 대한 자기 이해 정보 Information'와 '미래예측 구성 Forecasting

비전 프레임

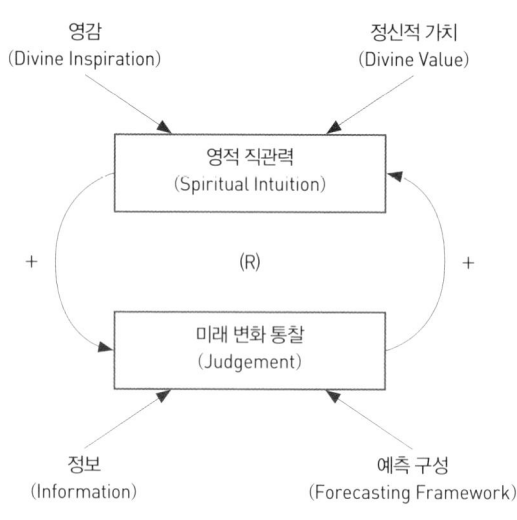

Framework'의 두 가지를 꼭 갖추어야 한다.

먼저 '과거와 현재에 대한 자기 이해 정보'에 대해서 알아보자. 이성적 판단력의 하위 요소인 '과거와 현재에 대한 자기 이해 정보'는 '자기 내적 정보'와 '자기 외적 정보'로 나뉜다.

'자기 내적 정보'란 나의 내부에 관한 정보이다. 내 안에 있는 관심사, 재능, 성격, 기술, 행동양식, 가치관, 지능 등에 관한 정보이다. 이런 정보는 영감을 통해서가 아니라 이성적 판단력을 사용해서 찾는 자기 이해 Self-understanding 정보이다. 비전을 완수하기 위해 내가 소유한 것, 나아가 소유한 것에 대한 개념을 넓혀서 이미 발견한 것과 앞으로 발견하고 개발해야 할 자질은 무엇인지 객관적으로 파악해야 한다.

'자기 외적 정보'는 비전 디자인을 위해 필요한, 자신과 관련된 외부 영역에 대한 객관적 정보이다. 자기 외적 정보 역시 영감을 통해 이해하기보다는 이성적 판단력을 사용해서 찾아야 한다. 지금까지 자라면서 만났던 사람들, 그들과의 관계를 통해 겪은 성공과 실패의 경험들, 내 주위에서 나를 도와주는 사람들, 나를 둘러싼 환경이 무엇인지를 이성적 판단력을 사용해서 분석하고 평가해서 판단해야 한다. 과거에 겪은 실패나 고통의 경험도 유익한 정보가 될 수 있다. 나의 약점이나 부족한 점이 무엇인지 알아서 미리 대비할 수 있게 해주기 때문이다.

나를 둘러싼 외적 환경에 관한 정보를 잘 알고 있으면 내가 진정으로 이룰 수 있는 것이 무엇인지를 파악하는 데 도움이 된다. 예를 들어 중국에서 기업을 일으키는 비전을 세웠다면 중국 문화에서부터 중국 사람들의 성향, 가고자 하는 도시에 대한 구체적인 정보를 수집해야 한다. 중국 비즈니스에 필요한 기본적인 자료도 수집해야 한다. 자신이 품고 있는 비전 영역이 사회봉사라면 내가 봉사하려는 지역과 대상자와 그들의 필요와 아픔에 대해 객관적인 자료를 수집해야 한다.

객관적이고 구체적인 자료들을 수집해야 하는 이유는 자신의 비전을 완수할 현실 영역을 객관적으로 보아야 하기 때문이다. 혹시 조사한 현실의 정보가 어려움과 위협으로 가득 찼더라도 낙심할 필요는 없다. 객관적인 정보를 많이 수집할수록 잠재된 위험과 앞으로 닥칠 수 있는 문제와 장벽에 대해서 미리 대비할 시간을 벌 수 있다. 철저한 자료 조사를 통해 예상되는 장벽들을 미리 파악하면 충분히 대비하고 준비할 수 있다.

현실의 두려움은 얼마든지 해결책을 찾을 수 있다. 그러나 무지無知에서는 어떤 해법도 나올 수 없다. 진짜 두려운 것은 어려운 현실이 아니라 현실에 대한 무지다. 현실을 철저히 파악하여 객관적인 정보를 얻으려는 이유는 그 정보를 가지고 무엇을 변화시킬지, 그 가능성은 얼마나 되는지, 구체적으로 준비할 것은 무엇인지를 파악하기 위해서다. 이 과정은 비전을 정교하게 다듬는 데 중요한 밑거름이 된다.

이성적 판단력을 가지고 해야 할 다음 작업은 미래예측 구성Forecasting Framework이다. 미래예측 구성은 미래를 예측하기 위한 자신만의 틀이다. 즉, 미래예측 구성은 미래에 대한 여러 예측을 하나로 모아 짠 내용 또는 틀이다. 미래준비학교에서는 미래예측 전문가인 필자와 연구원들이 예측을 집약해서 정리한 '미래지도'라는 비전문가도 한눈에 쉽게 볼 수 있는 강력한 미래예측 구성을 제공한다.

이 미래지도를 바탕으로 개인적인 부분을 추가해서 비전과 관련한 자기만의 미래지도를 만들도록 지도한다.

미래 정보가 필요한 이유는 우리의 비전이 오늘이 아니라 '미래'에 이루어야 할 일이기 때문이다. 그래서 '비전 대상'과 '비전 대상을 둘러싼 주변'에 관한 미래 정보가 중요하다. 아프리카로 건너가서 의료봉사를 하겠다는 비전을 가진 사람은 이와 관련된 미래 정보에 관심을 가지고 정기적으로 수집해야 한다. 아프리카의 환경, 사람들의 성향, 경제 상황, 정치 상황, 생활방식, 영성 등의 변화에 대한 예측 정보를 수집해야 한다. 미래에 관한 정보를 많이 수집할수록 잠재된 위험과 앞으로 닥칠 수 있는 문제와 장벽에 대해서 미리 준비할 시간을 벌 수 있다.

미래에 대해 지속적인 관심을 가지고, 늘 미래예측을 위한 노력을 게을리해서는 안 되는 또 다른 이유가 있다. 미래예측이 없는 선택의 자유는 방종을 낳을 가능성이 크기 때문이다. 미래예측이 없이 세운 미래에 대한 계획은 '단순히 하고 싶은 것 Wish List'의 나열을 넘어서지 못할 가능성이 크다. '단순히 하고 싶은 것'을 추구하며 사는 인생은 비전가의 인생이 아니다. 자기가 하고 싶은 일을 우선적인 기준으로 선택하기 때문에 '가치'가 상대적으로 소홀해질 위험이 크다. 더 큰 문제는 앞으로 전개될, 지금보다 훨씬 빠르고 큰 변화의 시대에는 지금 내가 원하는 것에 대한 이미지와 실제로 일어날 미래의 모습이 전혀 달라질 가능성이 크다는 점에 있다. 따라서 미래사회에 나타날 갖가지 새롭고 충격적인 미래 현상에 대처하는 능력이 크게 뒤떨어질 것이다. 극단적으로는 아예 생각을 펼칠 기회조차 잡지 못할 가능성도 있다. 한 마디로 헛손질할 가능성이 크다는 말이다.

반대로 미래에 지속적으로 관심을 가지고 미래예측을 잘 활용하는 사람은 훨씬 큰 혜택을 얻을 수 있다. 예를 들어 보자. 2008년 5월 12일 오후 2시 28분 중국 쓰촨 성四川省에서는 리히터 규모 7.8의 대지진이 2분 동안 일어났다. 이는 원자폭탄 252개에 맞먹는 폭발의 충격이었다. 당시 쓰촨 성에서는 7천 개의 학교가 붕괴하고, 6만 명 넘는 사람이 죽거나 실종되었고, 100조 원대의 엄청난 피해가 발생했다. 그런데 대참사 가능성을 예측하고 미리 준비했던 한 학교가 있어서 화제가 되었다. 면양綿陽 시의 쌍짜오桑棗 중학교다. 학생 2,323명과 교사 178명인 이 학교는 대지진 참사에서 단 한 사람의 사상자도 내지 않았다. 그 이유가 무엇이었을까? 예즈핑葉志平 교장 한 사람 덕택이었다. 예즈핑이 1996년에 이 학교 교장으로 부임할 때 학교 건물은 너무 낡아 있었다. 학교가 있는 지역은 강한 지진이 종종 일어나는 지역이었다. 예즈핑 교장은 매년 방학 때마다 학교 건물에 철근을 보강하는 등의 보강 공사를 계속했다. 그리고 매년 두 차례씩 모든 학생과 교사들을 대상으로 지진 대비 훈련을 했다. 미래를 예측하고 발생할 수 있는 위험을 미리 대비한 교장 한 사람의 노력 덕분에 대재앙 속에서도 이 학교 구성원은 단 한 명도 희생되지 않는 기적 같은 결과를 만들어냈다. 미래예측과 준비의 힘이다. 이처럼 미래에 대한 관심과 예측 능력은 생존과 번영의 기회를 크게 넓혀 준다. 변화가 크고 빠를수록 그 차이는 극적으로 커진다. 자신의 미래, 비전을 완수할 미래에 늘 관심을 가지고 예측을 위해 노력해야 할 이유이다. 나아가 미래예측의 힘에 '영감'과 '정신적 가치'가 더해지면 훨씬 놀라운 결과를 만들어낼 수 있다.

미래학이란 무엇인가?

미래를 예측하기 위한 과학적 방법론을 정립하고 체계화한 학문이 바로 미래학이다. 최근 들어 한국에서도 전문적인 미래예측 기법과 미래학 자체에 대한 관심이 커지고 있다. 필자의 미래준비학교에서도 비전 디자인을 돕는 데 미래학과 미래예측은 중요한 도구로 사용하고 있다. 하지만 여전히 미래학이나 미래예측에 대한 오해가 우리 사회에 넓게 퍼져 있다. 가장 많은 오해는 미래예측을 '예언'이라고 생각하거나 '황당한 상상'으로 치부하는 것이다. 미래학과 미래예측에 대한 이런 오해를 가지고 있는 사람은 비전을 발견하고 미래를 준비하는 일을 자신 있게 할 수 없다.

따라서 필자는 미래학과 미래예측을 바로 이해할 수 있도록 설명을 해보려 한다. (지금부터 설명하는 내용은 필자의 저서 〈2030 대담한 미래〉에서 다룬 내용을 간추린 것이다. 미래학과 미래예측에 대해 더 자세히 알고 싶은 독자는 그 책을 참고하기 바란다)

첫째, 미래학은 학문이다. 유럽과 미국에서는 1950~1960년경에 미래예측의 실용적 유용성 때문에 미래학이 현대 학문의 하나로 시작되었다. 미래학을 영어로 Futurology라고 부르기도 하지만, 일반적으로는 다양한 미래 가능성에 대한 연구라는 의미로 Futures Studies라고 한다. 미래에 해당하는 영어 단어를 단수가 아닌 복수 명사 Futures로 사용하는 이유는 현대의 미래학이 미래를 예언하지 않고 다양한 미래의 가능성을 연구하는 데 중심을 두기 때문이다. 그러나 여전히 미래학에 생소한 사람은 미래연구Futures Studies가 과연 학문이 될 수 있는지에 대해서 의문을 제기한다. 필자는 분명하게 답할 수 있다.

> "미래학은 실용적 기술의 수준을 넘어서 학문적 토대를 형성해 가고 있다."

미래연구가 학문이 되려면 탐구의 철학, 목적, 대상, 도구, 윤리적 가치를 분명히 해야 한다. 미래학은 고유의 철학, 이론, 방법론, 협의회, 저널, 학과, 교수 등을 갖추어 가고 있다. 세계 곳곳에서 점점 관심이 높아지고 있고, 여러 문화·학문과 깊은 연관을 맺어가고 있다.

미래를 예측해 본다는 학문적 특성 때문에 많은 사람이 미래학에 매력을 느낀다. 동시에 미래를 예언Predict할 수 있을지도 모른다는 유혹에 빠진다. 그러나 미래를 정확하게 예언하여 맞추는 것은 인간의 능력 밖에 있는 신의 영역에 속하는 일이다.

그럼에도 불구하고 인간에게는 어떤 미래가 닥치기 전에 무슨 일이 발생할지를 정확하게 미리 알아차리고 싶어하는 욕망이 있다. 미래에 대한 두려움이나 기대도 인간이 끊임없이 미래에 관심을 두는 이유이다.

이런저런 이유로 오래전부터 사람들은 올바른 이론, 정교한 방법론, 충분한 자료와 자금 지원만 있다면 미래를 완벽하게 예언Predict할 수 있을 것이라는 환상을 품었다. 현대에 들어와서 컴퓨터와 인공지능이 발달하자 이를 이용한 정량적 예측이나 시뮬레이션, 미래 모형화 작업의 가능성이 열리면서 예언까지는 아니더라도 그에 버금가는 수준에서 미래를 정확하게 예측할 수 있을 것이라는 환상이 더 커졌다. 물론 이런 생각이 미래학에 관심을 두는 긍정적 계기로 작용하기도 했다.

그러나 미래학은 미래를 예언하는 데 목적을 두지 않는다. 미래학자는 정확한 예측 실력을 뽐내는 데 큰 관심을 두지 않는다. 미래학과 미래학자는 미래에 대한 생각의 폭을 넓혀 '더 나은 미래'를 만드는 길을 통찰하는 데 목적을 둔다. 1971년 웬델 벨Wendell Bell과 제임스 마우James Mau가 말했던 것처럼, '미래의 사실'이라는 것은 현재에는 존재하지 않는다. 앞으로도 아무리 좋은 예측 방법론이 개발된다 할지라도 인간의 능력으로 미래를 100% 정확하게 예언할 수는 없다. 그래서 필자를 포함한 모든 미래학자는 미래연구나 미래예측에 대해서 언제나 겸손한 태도를 잃지 않는다.

미래예측과 미래 통찰력은 '미래의 가능성들'만 예측하고 연구해야 한다. 그래서 현대의 미래학은 '하나의 미래a Future' 혹은 '바로 그 미래the Future'가 아닌, '대안적 미래들Alternative Futures'과 '다양한 가능성의 미래들Possible Futures'을 예측Prospect, Foresee, Forecast하고 연구Futures Studies하는 것을 학문의 탐구 목적으로 삼는다. 가끔은 어쩔 수 없이 우리가 "미래를 안다"는 말을 사용해야만 할 상황이 있을 수도 있다. 그럴 때도 "미래를 안다"는 말의 정확한 의미는 "미래를 형성하는 데 영향을 미치는 원인을 안다"는 뜻이다.

모든 인간은 예측한다. 하지만 사람마다 예측 능력에 차이가 있다. 미래예측 능력의 차이는 인식 능력의 차이와 연관된다. 자신을 인식하고, 주변 환경을 인식하고, 미래를 인식하는 능력의 차이가 예측 능력의 차이를 낳는다. 이런 점에서 미래예측 능력의 차이는 세상에서의 성공과도 깊게 연관된다. 세상이 어떻게 흘러가고, 자신이 취한 행동이 미래의 특정한 시점에 어떤 결과를 발생시킬지에 대해서 시뮬레이션해 보고 난 다음에, 그 결과에 맞추어 현재를 적절하게 통제하는 의사결정을 할 수 있다는 것은 인식의 능력과 의식 수준이 그만큼 높다는 것을 의미한다. 그리고 인식 능력과 의식 수준이 높을수록 그만큼 세상에서의 성공 가능성도 커진다.

미래예측에 대한 관심과 학문적 탐구는 고대의 철학자들에게까지로 거슬러 올라간다. 철학자들은 세상의 기원, 세상의 존재 방식, 세상의 미래 모습 등에 관심을 두었다. 더 나은 미래를 만들기 위해서 인간이 어떻게 살아야 하는지, 국가는 어떠해야 하는지에 대한 관심을 붙들고 사유했다. 이 모든 것들은 현대 미래학자들의 관심사이기도 하다. 이런 의미에서 필자는 미래학자의 원조를 고대 철학자들에서 찾는다.

미래준비학교에서 필자가 미래에 대해 조언하는 모든 것은 이런 수준에서 이루어진다. 필자는 학문적 지식과 지혜 안에서 미래에 대해 예측한다. 학문적으로 엄정한 방법론에 따라 예측된 미래는 일어날 가능성이 논리적으로 충분히 있을 수 있는 세계 Plausible World, 확률적으로 그럴 싸한 세계 Possible World, 꿈과 가치가 어우러진 바람직한 세계 Normative or Preferred World의 모습을 조언한다. 또한, 일어날 가능성이 현저히 낮더라도 특정한 조건이 충족되면 발생할 수 있는 세계 Wildcard World, 우리가 전혀 예측하거나 상상도 할 수 없는 세계 Unexpected or Unimaginable World에 대해서도 생각해 보게 한다. 이런 다양한 미래상이 바로 비전가가 살아가야 할 미래의 가능성을 이룬다. 비전가는 이런 미래들 중 어느 한 영역에서 자신에게 주어진 임무를 수행해야 한다.

미래는 우리의 실제 삶에 아직 존재하지 않는다. 미래는 아직 오지 않았기 때문이다. 그러나 미래는 갑자기 나타나거나 현재와 전혀 상관없는 모습으로 등장하지 않는다. '미래 징후 Futures Signal'를 던지면서 온다. 미래학자는 이런 미래 징후들을 찾아내서 여기에 인과적 상상, 상관적 상상, 비약적 상상을 더하여 그럴듯한 미래, 가능성의 미래, 생각해 보아야 할 미래 등의 다양한 '미래 형상 形象'을 부여한다. 그래서 미래학자는 미래를 예언하거나 100% 정확히 맞출 수는 없지만, 그 방향이 어디로 향하는지 통찰할 수 있다. 우리가 방대한 정보와 지식, 지혜와 통찰력을 잘 발휘하면 미래에 대한 의미 있는 예측과 통찰은 얼마든지 가능하다는 말이다. 미래 형상形象은 미래라는 추상적 영역에 관한 특정한 주장이다. 특정한 학문적 주장이 성립하기 위해서는 세 가지 요소를 갖추어야 한다. 첫 번째 요소는 예측의 전제로서의 '조건 가정If ~, then ~'이다. 이것은 미래예측의 한계선Limitation을 규정해 준다. 두 번째 요소는 예측 과정으로서, 조건 가정과 미래 이미지(미래상, 미래 모델)를 연결하는 '논리적 함의Implication'와 '논리적 엄밀성Logically Valid'을 도출하는 예측 법칙(기법)이다. '함의'란 어떤 개념(명제)이 다른 개념(명제)의 의미를 포함한다는 말이다. 이들 3가지 요소 중에서 특히, 미래학이 진정한 학문으로 성립되는 것은 두 번째 요소인 (가능한 한) 논리적 엄밀성의 추구 과정 때문이다. 세 번째 요소는 예측 내용으로서의 '미래 이미지(미래상, 미래 모델)'다. 이 세 가지 요소를 가지고 특정한 미래를 사전에 재현하는 (패턴에 기반을 둔) '미래 모델'을 만들어 미래에 대해서 생각해 보는 작업을 잘하기 위해서는 세상과 자연법칙과 사람에 대한 풍부한 상식과 이해가 반드시 필요하다. 즉 미래예측은 미래에 대한 호기심, 미래 퍼즐을 맞추는 기술(조건 가정, 미래예측 기법, 미래 이미지), 그리고 사람과 세상과 자연에 대한 풍부한 상식을 기반으로 한다. 이런 것들이 기초가 되기에 미래학은 예언과 구별된다.

필자와 같은 전문 미래학자 Professional Futurist는 미래를 예측할 때 수많은 연구 방법을 사용한다. 철학적 방법은 기본이고, 수학과 과학적 방법론도 적극적으로 사용한다. 미래학은 아직 오지 않은 미래에 대해 창의적인 사고를 할 때 과학적 연구를 기초로 사용한다. 필자의 미래예측도 마찬가지다. 그래서 비전을 찾고, 비전을 그리고, 진로를 탐색하고, 더 나은 미래를 만들기 위한 의사결정을 하는 데서도 미래학은 의미 있는 예측을 돕는다.

과학은 관찰로 확립된다. 과학적 진리는 '증거'를 필요로 한다. 수학은 증명으로 확립된다. 수학적 진리는 '증명'을 필요로 한다. 증명할 수 있거나 증명된 생각을 '정리'라고 한다. 미래학적 지식이나 미래 모델들은 기본적으로 추론推論으로 확립된다. 과학자들과 수학자들도 문제를 해결하거나 새로운 진리를 발견하는 데 추론을 사용한다. 추론에는 유추적, 귀납적, 연역적 추론이 있다. 수학자들은 "모든 수학적 증명은 연역적이어야 한다"고 주장한다. 과학자들은 귀납적 추론으로 발견한 법칙들도 주저 없이 받아들인다. 미래학자들은 과거와 현재의 특정한 상황에 적용된 패턴이나 해법을, 비슷할 것으로 생각되는 미래의 특정한 환경에 적용하는 유추적 추론을 사용함은 물론이고, 과감한 예술적 상상력도 사용한다.

추론은 자체적으로는 증명할 수 없거나 증명되지 않은 '무엇Something'을 다른 어떤 판단을 근거로 삼아 미루어 이끌어내는 '생각의 기술Thinking Tool'이다. 논리적 추론은 인류가 태초부터 보이지 않는 미지의 세계를 탐구하거나 연구할 때 사용했던 방법이다. 미래예측도 논리적 추론이 기본이 되어야만 자신 안에 있는 미래 이미지가 어디서 유래했으며, 과연 설득력 있을 만큼 견고한지 설명할 수 있고, 미래 이미지를 담은 미래 모형을 다른 것과 비교하고, 안정적으로 변형해가면서 테스트할 수 있다.

나아가 미래연구에서는 미래징후를 찾는 데 과학적 방법론과 인문·사회과학적 방법론을 사용한다. 예측한 미래의 현실 가능성을 증명할 때에는 수학적 방법과 철학적 방법론을 주로 사용한다. 현대에 들어서는 미래를 만드는 힘의 복잡성이 증대하면서 컴퓨터 시뮬레이션을 보조 수단으로 사용한다. 따라서 미래예측 방법론은 이런 일련의 모든 방법론을 빌어와 개발된다.

미래학적 진리는 예측한 미래에 대한 '내용'이 참이냐 아니냐의 영역에 있지 않다. 미래학적 진리는 '논리적 추론 과정의 합당성'을 필요로 한다. 논리적 추론의 합당성은 미래예측 알고리즘의 합당성이라고도 할 수 있다. 알고리즘이란 유한有限한 개수의 단계를 거쳐 해를 구하는 과정이다.

미래예측 알고리즘은 유한한 단계를 거쳐 미래의 모습을 그려보는 과정을 가리킨다.

미래학에서는 검증의 영역을 예측 '내용'의 현실 가능성에 두지 않는다. 특정한 예측 내용이 100% 정확하게 맞았느냐 틀렸느냐는 것을 검증의 대상으로 삼지 않는다는 말이다. 그 이유는 미래 연구의 목적을 미래에 대한 다양한 가능성을 연구해 통찰력을 높이는 데 두기 때문이다. 따라서 예측의 정확도는 크게 중요하게 여기지 않는다. 미래에 일어날 가능성에 대해 확률적 표현을 사용하더라도 그것은 얼마나 정확한지를 표현하기보다는 통찰력을 위해서일 뿐이다. 또한, 현재 시점에서는 예측 내용 자체의 정확성에 대한 그 어떤 검증의 방법도 없기 때문이다. 미래예측 내용 자체에 대한 검증의 유일한 방법은 시간이 흘러 그 미래가 현재가 되어야 한다.

결국 미래학에서 검증의 대상은 '미래예측 알고리즘, 예측의 과정Process, 절차Procedure와 방법론Methodology의 타당성'으로 귀결된다. 예측 모델(미래 모델)을 구축하는 과정과 절차에 문제가 없었는지, 예측 모델을 구축할 때 사용한 방법론이 적절했는지를 검증의 대상으로 삼는다. 미래학은 관념의 세계 안에만 존재하는 예측 모델(미래 모델)을 구축하는 과정에서 실제 사물의 세계를 연구하는 방법론을 빌려오기 때문에 충분히 검증이 가능한 학문이 될 수 있다.

미래준비학교에서 사용하는 미래예측 내용은 이런 과정을 거쳐 나왔다. 미래를 100% 맞추는 예언은 아니지만, 당신이 비전을 발견하고, 준비하고, 더 나은 미래를 만들어가는 데 큰 도움이 되기에 충분한 이유가 여기에 있다.

비전을
정교하게 다듬어라

　　이제 미래예측 정보를 활용해서 정교하게 비전을 디자인해 볼 차례다. 미래준비학교에서 실시하는 2단계의 '비전 디자인'이 바로 비전 프레임을 따라 정교하게 비전을 다듬는 과정이다. 스케치한 비전을 비전 프레임을 따라서 점차로 구체적이고 명료하게 만들어 가는 것이 목표이다. 예언이 아니라 이성적 판단력을 사용하여 예측할 수 있는 범위에서 다양한 가능성을 연구하면서 비전을 구체화하는 과정이다. 비전을 정교하게 다듬을수록 현실화하고 완수할 가능성은 더 커진다.

　비전 디자인에서 첫 번째로 할 일은 내 비전과 관련된 미래 가능성을 폭넓게 학습하는 것이다. 비전 디자인 단계에서 학습할 미래

비전 프레임

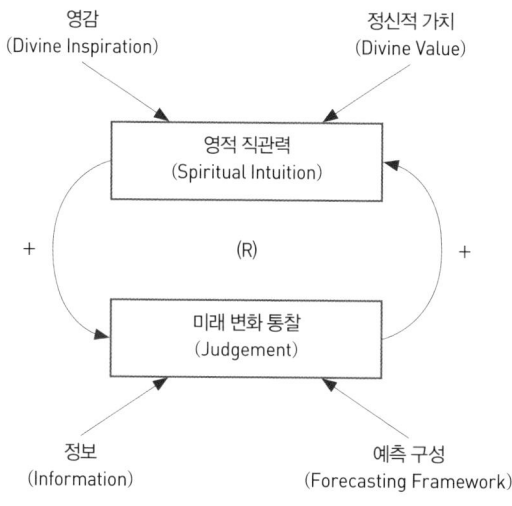

가능성은 4가지 정도로 나누어 생각해볼 수 있다.

첫째, 미래에 일어날 가능성이 '논리적으로' 충분한 미래a Plausible Future이다. 일어날 개연성이 높은Plausible 미래로서 기본미래Baseline Future라고도 한다. 과거, 현재, 미래의 징후들을 논리적, 체계적, 생태학적으로 분석하여 볼 때 가장 논리적으로 타당하고 이치에 맞아 수긍할 만한, 그럴듯한 미래를 말한다. 발생의 개연성이 크다는 말은 미래의 어떤 시점에는 반드시 한번은 물리적으로 일어날 가능성이 크다는 의미이다. 일어날 확률이 최소한 51% 이상(대개는 일어날 확률이 70~80%)의 확실성을 가진 다음과 같은 요소들로 구성된 미래다.

- 트렌드(변화의 흐름, 변화의 1차 2차 3차 효력들)
- 계획(정부 계획, 지자체 계획, 회사 계획, 가족의 계획 등)
- 심층원동력(변화를 일으키는 숨은 힘, 변화의 메커니즘, 패러다임, 역사적으로 반복되는 사이클, 세계관 등)
- 현재 대중이 마음속에 가지고 있는 미래에 대한 이미지(생각, 느낌, 기대 등)

마지막 요소, 즉 현재 대중이 마음속에 가지고 있는 미래에 대한 이미지를 여기에 포함한 이유는 결국 변화는 사람들의 선택에 의해 결정되기 때문이다. 아무리 혁신적인 기술이나 상품이 나오더라도 사람이 선택해 이것이 대중적으로 확산할 때 기술과 사회변화가 일어난다. 거꾸로 사람들이 이런 기술이 나왔으면 좋겠다고 생각하는 마음이 많아지면 (대중의 마음이 그쪽으로 움직이면) 결국에는 그에 관련된 기술이 나오게 되어 미래가 변화될 가능성이 커진다.

둘째, '확률적으로' 그럴싸한 미래들Possible Futures이다. 이 미래는 앞으로 일어날 가능성이 '논리적으로' 충분한 미래를 기반으로 해서, 그 위에 풍부한 상상력을 활용하여 좀 더 폭넓게 확장된 가능성과 추가할 수 있는 사항Option을 넣은 미래다. 발생 가능성이 있다Possible는 의미는 (실제로 한 번쯤 반드시 물리적으로 일어날지 아닐지를 모르지만) 한 번쯤은 생각해 볼만 한 미래다. 대중이 개연성이 높은 미래를 반대하거나 싫어해서, 현재 상황이나 시스템에 어떤 특정한 힘을 인위적으로 만들어서 가함으로써 새로운 미래 방향으로 전환하기 위해 노력할 경우 나타날 수 있는 또 다른 가능성의 미래다. 특히 개연성이 높은 미래가 비관적인 방향으로 전개될 것이 예상되는 경우, 예를 들어 한국 경제가 다가오는 아시아 대위기 국면에서 '심각한 금융 위기'에 빠질 가능성이 점점 커지고 있는 지금과 같은 상황에서, 우리는 방향을 바꿀 새로운 계기를 만들어야 한다. 이때 생각의 폭을 넓혀 기회의 가능성과 성공의 가능성을 찾아내고, 위기와 위협을 극복할 창의적 미래를 구상해야 한다. 즉 기본미래에 존재하지 않았던 새로운 가능성, 새로운 길, 새로운 미래 모습을 찾아내는 것이다. 그래서 가능성의 미래는 수렴하는 것이 아니라 확산한다.

셋째, 일어날 가능성이 현저히 낮더라도 특정한 조건이 충족되면 발생하여 파괴적 영향력을 발휘할 수 있는 '설마 하는' 혹은 '뜻밖의' 미래an Unexpected or Wildcard Future이다. 뜻밖의 미래는 일어날 가능성은 낮지만, 현실화하면 치명적이고 극단적인 미래 위협을 만들어낼 수 있으므로 반드시 생각해 보아야 할 미래다. 예를 들어 다음과 같은 극단적 미래에 관한 질문을 생각해볼 수 있다.

- 10년 후에 현재 직업의 80%가 사라진다면?
- 대한민국이 한 달 이내에 갑작스럽게 통일이 된다면?
- 중국의 거품경제가 갑작스럽게 붕괴한다면?
- H5N1과 같은 강력한 인플루엔자가 전 세계에 창궐한다면?

뜻밖의 미래는 두 가지로 나누어 생각할 수 있다. 하나는 '비약적 진보Quantum Progress에 의한 새로운 미래'다. 예를 들어 나노기술과 같은 혁신적인 기술로 인해 지금의 변화 속도보다 훨씬 더 빠르게 인류의 진보가 시작될 수 있다는 가정을 해보는 것이다. 다른 하나는 '붕괴Collapse 후 새로운 미래'다. 이는 어떤 새로운 힘에 의해서 기존의 것이 완전히 붕괴하고 완전히 새로운 미래가 만들어질 수 있다는 가정에서 나온다.

완전히 새로운 미래는 좋은 미래일 수도 있고 좋지 않은 미래일 수도 있다. 예를 들어 북한의 갑작스러운 붕괴로 새롭게 만들어지는 동아시아와 한반도의 미래가 여기에 속할 수 있다. 북한의 현재 정권이 무너지면 그 결과로 좋은 미래가 올 수도 있고 나쁜 미래가 올 수도 있다.

근래에 들어서 뜻밖의 미래의 가능성이 커지고 있다. 여기에는 복잡성의 증대, 구성 요소의 증가, 행위자들 사이의 네트워크 연결도의 증가, 피드백을 통한 연쇄작용과 누적작용 등의 요인이 작용하기 때문이다. '뜻밖의 미래'는 가장 예측하기가 어렵다. 뜻밖의 미래를 생각할 때는 '뜻밖의 현상(창발적 현상)'이 언제 발생할지를 예측하려고 하지 말아야 한다. 우선 특정한 '뜻밖의 현상'이 일어난다는 것을 전제하라. 시나리오 기법의 대가인 피터 슈워츠 박사는 "미래의 골격이 될 거대한 흐름의 방향을 바꿀 뜻밖의 강력한 사건들은, 그 기본적인 행동 유형을 살피다 보면 필연적으로 드러나게 마련이다"라고 했다. 특정 사건을 간파하거나 선택하고 나면 그것이 '언제 일어날 것인지'에 관심을 두지 말고, '그것이 일어날 경우 미칠 잠재적 영향이 무엇일까?', '그것에 대비하는 방법은 무엇일까?'에 더 집중해야 한다.

넷째, 바람직한 가치가 최대한 반영된 '규범적' 미래 a Normative Future 가 있다.

비전가는 이런 다양한 미래 가능성에 관심을 가져야 한다. 비전가는 이런 미래들 중 어느 한 영역에서 자신에게 주어진 가치 있는 시대적 임무를 수행해야 하기 때문이다. 미래준비학교에서는 이런 4가지 종류의 미래에 대해서 자세하게 공부한다. (이 4가지 미래 가능성에 대해서 스스로 자세하게 학습하기를 원하는 독자는 필자가 20년 동안 연구해온 미래예측 시나리오를 주제별로 나누어 대중적으로 풀어쓴 〈2030 대담한 미래〉 1, 2권, 〈2030 대담한 도전〉, 〈2020 2040 한국교회 미래지도〉를 참고하라)

미래준비학교에서는 4가지의 미래 가능성을 학습한 후 자신만의 '미래지도'를 만들게 한다. (기본적인 미래지도에 대해서는 앞장 참고) 미래준비학교에서는 기본적으로 제공하는 미래지도를 기초로, 비전 역량 진단 검사를 통해 파악한 자신의 비전 역량과 관련해서 관심을 두어야 할 미래 영역을 찾아 자신만의 미래지도를 만든다. 여기서 말하는 미래지도란 축적이 5000:1인 정밀 지도처럼 상세한 미래 정보를 담고 있는 지도가 아니다. 오히려 콜럼버스가 아메리카 대륙을 발견할 때 쓴 지도에 비유할 수 있다. '인디아나 존스' 같은 탐험영화에서 서로 목숨을 걸고 손에 넣으려고 다투는 보물지도를 막상 보면 "이게 지도냐?" 할 정도로 엉성하다. 현재 누구나 볼 수 있는 구글이나 네이버 지도와는 도저히 비교할 수조차 없는 수준이다. 하지만 중요한 것은 콜럼버스가 형편없고 엉망인 지도를 가지고 신대륙을 발견해냈다는 점이다. 콜럼버스가 구글 지도 같은 정밀도를 원했다면 아마 500년은 기다려야 했을 것이다.

망망대해에서 조난당하거나 깊은 산 속에서 길을 잃었을 경우 생존하는 데 필수적인 것이 무엇일까? 나침반이다. 나침반은 별 정보를 가지고 있지 않다. 동서남북의 방위 표시와 방향을 가리키는 침 하나뿐이다. 하지만 이 나침반 하나만 있고 그 기본적인 사용법만 안다면 살 수 있는 방향을 찾을 수 있다. 미래를 탐험하는 것도 비슷하다. 필자가 미래준비학교에서 기본적인 미래지도를 제공하고,

나아가 개인별로 맞춤 미래지도를 만들도록 하는 것은 그것이야말로 비전을 완수하기 위한 미래 탐험에 최선의 도움을 줄 도구이기 때문이다.

미래지도와 미래 나침반을 사용하면 당신의 타고난 미래를 읽는 통찰력을 좀 더 멀리 정확하게 볼 수 있도록 향상할 수 있기 때문이다. 미래지도는 미래 통합시나리오, 다양한 미래에 대한 가정들(미니 시나리오들)이다. 미래 나침반은 넓고 깊고 통합적인 사고의 틀, 폭넓게 멀리 보는 관찰력, 계속해서 세상의 변화를 관찰하는 모니터링 습관이다. (여기에 하나를 덧붙이면 미래예측 기법을 활용한 미래전략 기술이 있다. 이것은 미래를 항해하는 기술이라고 할 수 있다)

미래를 예측하는 것은 부족한 정보와 제한된 역량을 가지고 미지의 세계를 탐험하는 것과 같다. 그래서 미래 탐험에는 위험이 있다. 그러나 더 나은 발전을 위해서는 피할 수 없다. 피할 수 없다면 최선을 다해 준비하고 대응책을 세워야 한다. 단 17척으로 300척이 넘는 왜선을 격파한 이순신 장군이 바로 그렇게 했다.

미래지도를 작성할 때 주의할 점이 하나 있다. 변화가 빠르게 진행되는 시기에는 새로운 미래 변화가 우리의 상식적인 생각보다 빨리 시작된다. 하지만 우리가 기대하고 있는 변화의 '완성'은 생각보다 늦게 이루어진다.

따라서 새로운 변화의 시작과 완성 시점을 예측하거나 추정하는 것에는 주의를 기울여야 한다. 하지만 변화의 완성이 생각보다 늦어진다고 해서 방심하면 변화에 대처할 타이밍을 놓칠 수 있다. 일단 커다란 변화가 시작되는 것만으로도 우리의 삶은 영향을 받는다. 예를 들어 사람을 완벽하게 모방한 로봇이 나오려면 앞으로도 100년 이상 걸리겠지만, 사람이 육체적으로 할 수 있는 수만 가지의 동작 중에서 하나의 기능만 수행하는 기계는 이미 산업시대부터 나타났다. 기계적 로봇이다. 이런 기계들이 출현하면서 인간의 삶은 큰 변화를 겪었다.

현재 많은 과학자가 인간의 뇌를 완벽하게 모방한 인공지능의 출현 시기에 대해서 논쟁 중이다. 그러나 필자가 주장하는 '기대하고 있는 커다란 변화의 완성은 생각보다 늦게 이루어진다'는 법칙을 따르면 인간의 뇌 기능을 완벽하게 수행하고, 나아가 독자적으로 인간보다 뛰어난 인식 능력을 보일 강한 인공지능이 나오려면 앞으로도 100년 이상 걸릴 것이다. 그러나 약한 인공지능이 인간 뇌의 인식 능력의 한 가지 혹은 일부를 인간보다 더 잘해내는 시기는 빨리 도래할 것이다. 이미 인공지능이 각종 의료 서비스나 법률 서비스, 금융 분석과 자문 업무에서 인간의 전문직 노동을 일부 대체하기 시작했다. 앞으로 로봇과 인공지능이 결합하면서 적용 영역은 빠르게 넓어질 것이다.

알파고와 이세돌 9단의 대국을 따로 떼어내 냉정하게 보면 인공지능이 인간 대표와 바둑을 두어서 이긴 사건일 뿐이다. 그러나 이 사건의 충격은 바둑의 테두리를 넘어 인공지능과 인간의 직업에 관한 논쟁에 불을 지폈다. 이처럼 커다란 변화의 시작은 그것만으로도 우리의 삶과 직업에 큰 영향을 준다.

따라서 미래지도를 작성할 때는 시작과 완성에 대한 시간 개념을 다르게 설정하는 것이 중요하다. 또한, 미래지도는 현재 시점에서 얻을 수 있는 정보를 기반으로 예측한 내용을 정리한 도표이다. 그렇기 때문에 시간이 지나면서 새로운 기술이나 변화가 생기면 이를 즉각 반영해야 한다. 반영하는 과정에서 반드시 이전의 미래지도 내용을 수정하고 최적화해야 한다. 미래는 예측 가능한 영역이지만 예언할 수 있는 영역은 아니기 때문이다. 100% 정확하게 맞출 수 있는 영역이 아니므로 수시로 변화를 점검하고 그 예측 내용을 수정하면서 최적화하는 것이 당연히 필요하다. 이는 예측의 실수가 아니라 수많은 가능성으로 가득 찬 미래에 대한 인간의 겸손의 표현이다.

비전 디자인 단계에서 두 번째로 하는 일은 나의 비전과 관련된 미래 범위를 선택하는 것이다. 이를 위해 나와 관련된 기본 미래 Baseline Future 와 또 다른 미래들 Alternative Futures 을 선택한다. 미래준비학교에서는 기본 미래를 가지고 기본 비전의 방향과 모습을 선택한다.

미래산업의 전개를 예측한 미래지도

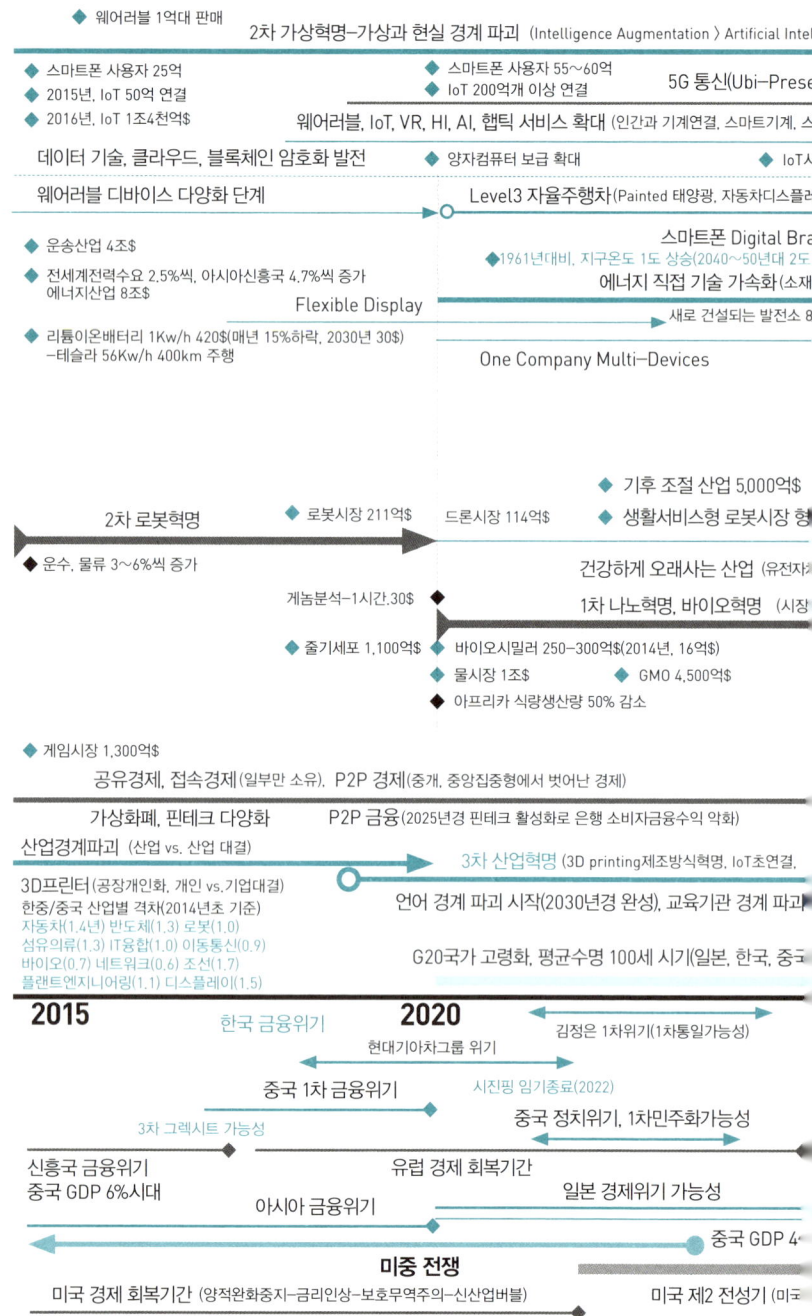

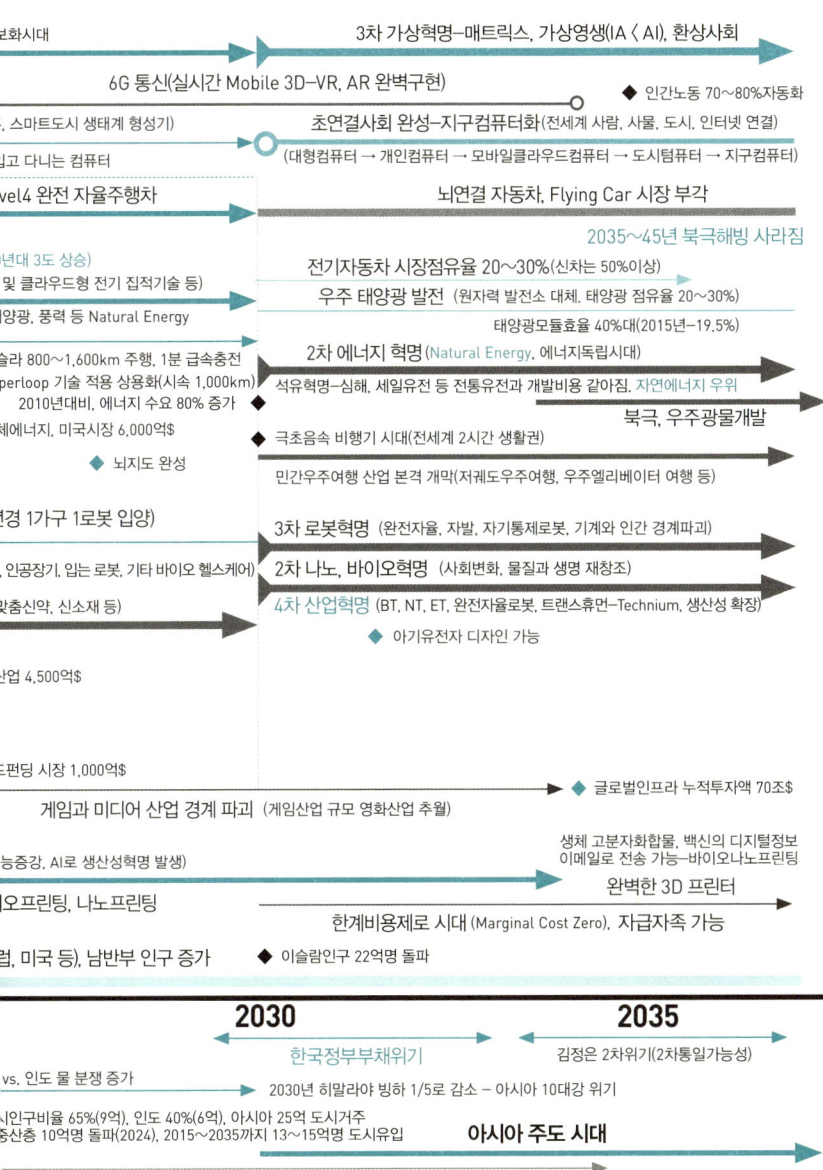

아래의 그림은 기본 미래가 무엇인지를 알려주는 그림이다. 기본 미래란 예측 가능한 다양한 미래 가능성 중에서 가장 논리적이고 확률적 가능성이 큰 미래다. 계획, 트렌드, 패턴, 사이클 등 미래를 만드는 변화의 힘들이 결정되어서 확실성이 가장 높은 미래다. 즉 '이대로 가면 일어날 가능성이 가장 큰 미래'를 뜻한다. 그 모습이 좋든 싫든 혹은 나에게 유리하든 불리하든 상관없이, 기본 미래는 확실성이 가장 높은 미래이기 때문에 생각의 시작점으로 삼아야 한다.

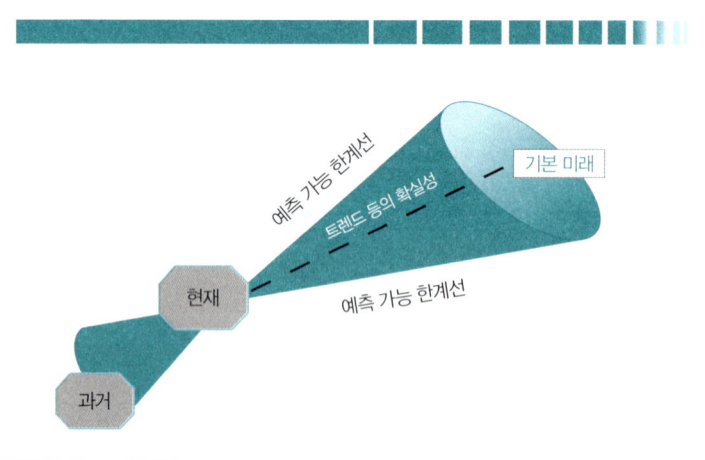

기본 미래

진화하는 비전,
또 다른 가능성 탐색

       기본 미래를 선택한 후에는 또 다른 미래들을 선택한다. 기본 미래가 기본 비전을 설정하는 데 도움이 된다면, 또 다른 미래들은 또 다른 비전 가능성을 설정하는 데 도움이 된다. 다음 그림은 또 다른 미래들을 설정하는 데 도움을 주는 미래 혼Futures Horn이다.

  또 다른 미래들을 생각할 때 불확실성Uncertainty이 큰 미래의 모습들을 다루기도 한다. 잠재적인 사건과 사회적 이슈, 새로운 아이디어들은 현재 입장에서는 결정된 바가 없기에 불확실성이 큰 채로 남아 있다. 하지만 중요한 잠재 사건이고, 뜨거운 사회적 이슈이며, 혁신적인 아이디어이기에 미래를 변화시킬 중요한 힘이 된다.

또 다른 미래들

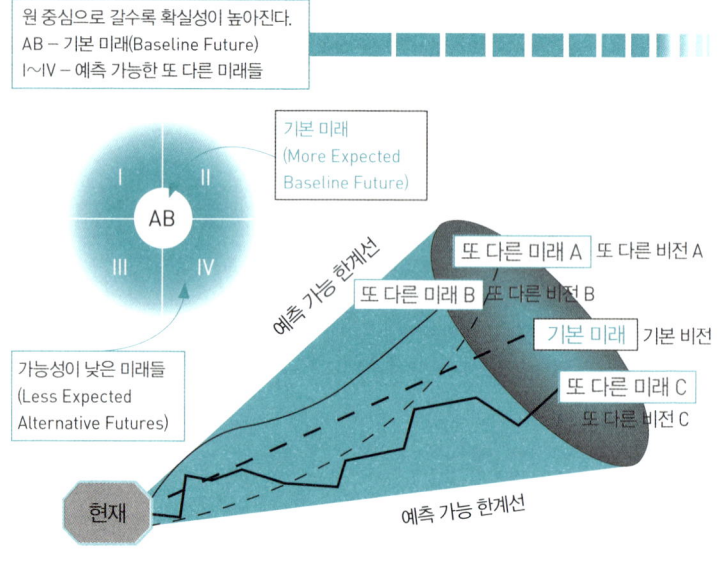

'기본 미래'와 '또 다른 미래들' 예측(Alternative Futures Forecasting)

 이처럼 확실성과 불확실성의 요소들을 가지고 다양한 생각과 토론, 예측기법을 전개하여 나온 미래 생각들을 미래지도에 담는다. 미래준비학교에서는 이렇게 만들어진 미래지도에서 선택된 또 다른 미래들을 비전 스케치 단계에서 파악한 비전 역량과 연결해서, 또 다른 비전 가능성 영역들로 설정한다.

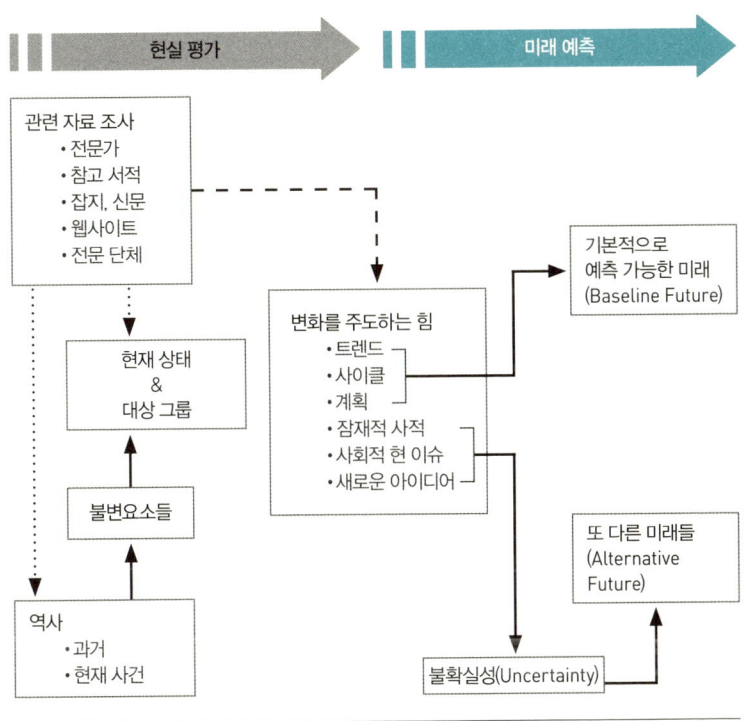

비전 스케치 단계에서 기본 비전 방향을 설정하는 데 사용하고 남은 비전 역량들을 활용하여 2~3개 정도의 또 다른 비전 가능성 영역들을 만들어낼 수 있다. 여기까지 과정을 거치면 1개의 기본 비전 영역과 2~3개의 또 다른 비전 영역으로 구성된 총 3~4개의 비전 가능성 영역을 발견할 수 있다.

또 다른 비전 가능성 설정

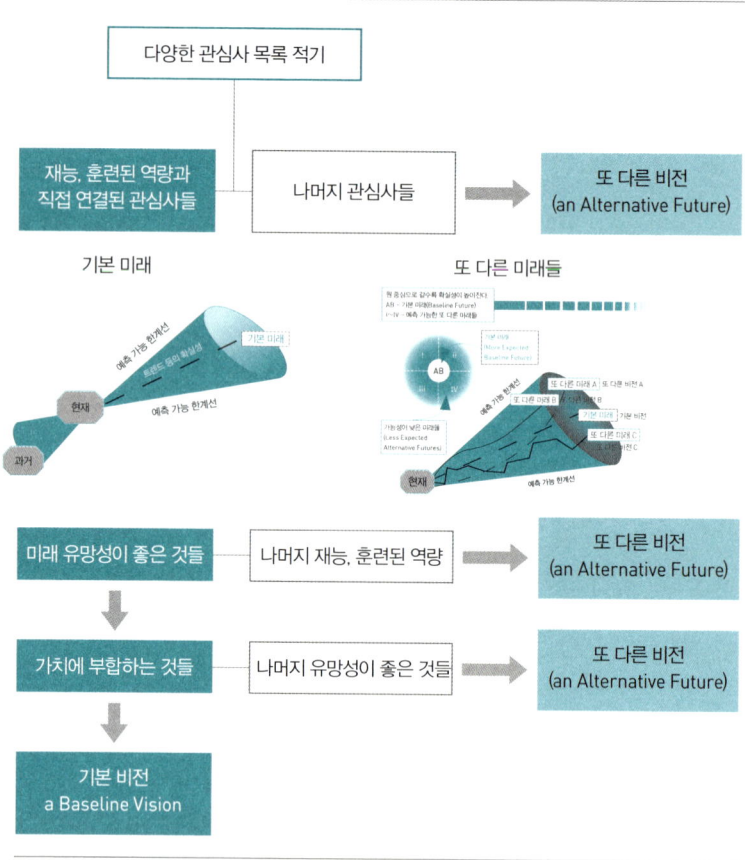

다음 그림은 '원하는 미래a Preferred Future'의 영역이 어디쯤인지를 보여준다. 미래학에서는 논리적으로 그럴듯한 미래(혹은 실현 가능성이 가장 큰 미래)와 그 외의 가능한 미래들을 그린 다음에 원하는 미래를 설정한다. 원하는 미래는 바람직한 미래, 소망스런 미래라고도

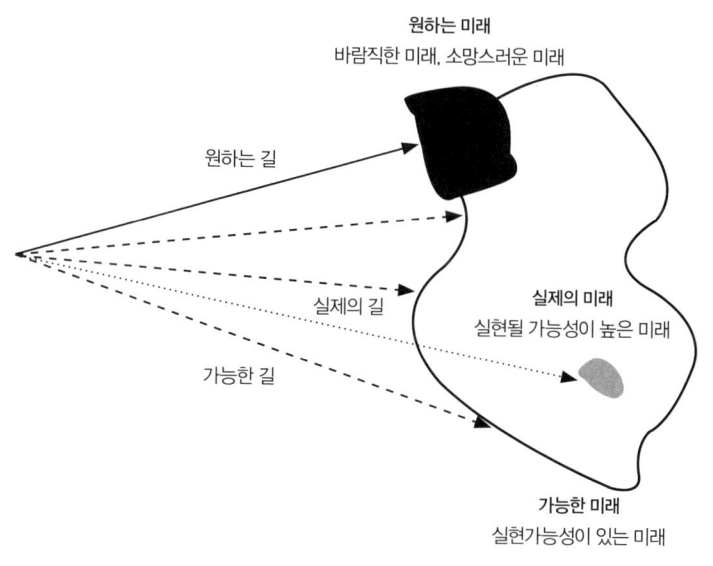

부른다. 비전과 관련된 미래도 원하는 미래에 들어간다. 그림을 보면, 원하는 미래는 가능한 미래에 일부만 걸쳐 있다. 그 이유는 인간의 예측 한계를 인정하기 때문이다. 원하는 미래란 실제의 미래와 같을 수도 있지만, 대개의 경우는 가능한 미래들을 예측해 본 다음에 예측한 미래보다 더 나은 미래를 만들어 가는 과정에서 설정하는 것이기 때문에 가능한 미래에 일부가 걸쳐 있고, 나머지는 가능한 미래의 영역 밖에 존재한다. 이렇게 나머지 영역을 설정하는 것은 인간이 만들어가는 미래라는 가능성을 열어 놓는다는 뜻이다.

미래준비학교에서는 기본 비전을 바로 그 지점에 설정하도록 조언한다. 나머지 2~3개의 또 다른 비전은 기본 비전과 비슷한 영역에 설정할 수 있지만, 실제의 미래 영역이나 가능한 미래의 다른 영역에 설정해도 좋다. 가능한 미래 영역에서 완전히 벗어난 곳에 설정해도 되는데 이 경우의 비전은 뜻밖의 미래에 해당한다.

비전 가능성 영역을 3~4개로 선정하는 데는 중요한 이유가 있다. 우리는 예언자처럼 자신이 믿는 신에게 직접 미래에 관한 음성을 듣거나 환상을 받아 비전을 발견하는 것이 아니다. 대신 마음에서 시작된 소원과 영감을 바탕으로 영적 직관력과 이성적 판단력을 사용하여 비전을 찾아간다. 예언으로 비전을 받지 않기 때문에 비전을 단 하나로 좁히면 안 된다. 미래를 100% 정확하게 맞출 수 없듯이, 특정 비전 하나가 내게 알맞은 비전이라고 100% 확신할 수 없기 때문이다.

초기 단계에서는 비전의 가능성 영역을 넓게 잡아야 한다. 우리가 사는 시대는 과거에 비해 변화의 속도와 범위가 다르다. 수천 년 전의 사회에서는 의미 있는 변화가 일어나는 데 짧게는 수십 년 이상 걸렸으며, 심지어는 수백 년 이상 큰 변화가 없는 영역도 있었다. 일생에 걸쳐 직업이 거의 바뀌지 않았다. 대부분의 신분과 직업이 대물림 되어 몇 대를 지나도 그대로였다. 그러나 현재와 미래는 길어도 10~20년 안에 천지가 개벽할 정도의 시대 변화가 진행될 것이다. 이런 시대에는 한 가지 비전의 유효 기간도 그만큼 줄어든다. 반대로 수명이 늘어서 수 천 년 전에 살았던 비전가들보다 훨씬 오래 살아 100~120세를 살게 될 것이다. 평생에 걸쳐 직업도 10번 정도 바뀐다. 사는 도시나 국가도 몇 번씩 바꿀 수 있다. 직접 계시를 받거나 예언할 수 없고, 시대 변화가 빠르고, 생존 기간이 길어지는 시대에는 섣불리 비전을 단 하나로 정하는 것이 위험하다. 설사 하나만으로 정해도 상황의 변화 때문에 평생 추구할 수 없게 된다. 그래서 다양한 비전 가능성을 두루 살펴보는 것이 지혜로운 행동이다. 3~4개의 비전을 동시에 추구할 수도 있고, 10년 혹은 20년 단위로 생애주기를 나누어 각각의 나이별로 비전을 다르게 설정할 수도 있다. 어떤 비전의 가능성은 수십 년 지속할 수 있고, 어떤 비전의 가능성은 유효기간이 몇 년일 수도 있다.

이런 이유로 미래준비학교에서는 3~4개의 비전을 디자인하도록 지도한다.

타겟팅,
내가 할 구체적 일을 정한다

비전 디자인에서 세 번째로 하는 일은 '타겟팅Work Targeting'으로, 내가 할 수 있는 일의 범위를 구체화하는 작업이다. 타겟팅은 다시 2단계로 이루어진다. 먼저 4개의 비전 가능성 속에서 단기, 중기, 장기에 나타날 위기와 기회를 분석하여 정리한다. 그다음에 정리한 위기와 기회 속에서 내 비전 역량으로 해결할 수 있는 위기와 극대화할 기회가 무엇인지 파악하여 타겟으로 정리한다. 이렇게 정리한 미래 기회와 위기의 구체적 대상이 당신이 시작할 일(대상 영역)이 된다.

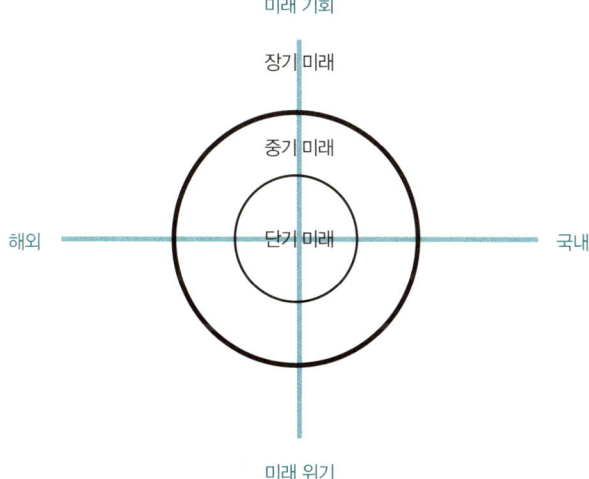

위의 그림은 타겟을 나타낸다. 그림에서 보듯 타겟의 범위는 가로축은 국내에서 해외까지, 세로축은 미래에 발생할 위기에서 미래 기회까지로 나누어 생각해볼 수 있다. 앞에서 설명한 3~4개의 비전 가능성을 타겟과 연결하면 다음 그림과 같다.

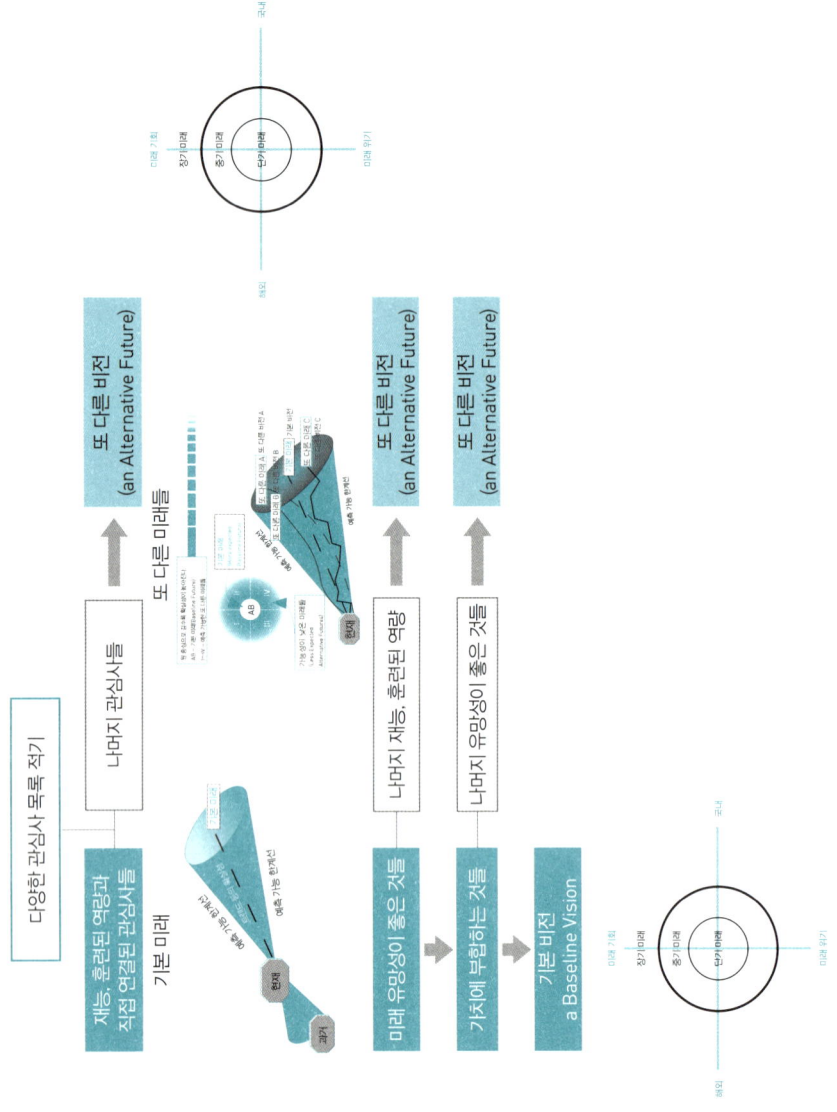

190

비전 선언문을 쓰자

　비전 디자인에서 그다음에 할 일은 3~4개의 비전 가능성을 하나로 묶어서 '통합 시나리오'를 구축하거나 '통합 비전 선언문'을 작성하는 것이다. 다음 페이지에 비전 선언문을 작성하는 틀이 있다.
　통합시나리오는 3~4개의 비전 가능성을 바탕으로 4가지 미래와 비전에 대해 동시에 대비할 수 있는 미래전략을 생각해 보는 작업이다. 4가지 미래는 아직 일어나지 않은 미래다. 그러나 미래의 어느 순간에 이르면 4가지 가능성의 경로가 나뉘는 순간, 즉 미래 분기점Futures Intersection이 나타난다. 이 미래 분기점 이전까지의 전략이 '공통전략'이 된다. '미래 분기점' 이후부터는 4가지 미래 모습과 비

Vision Statement 비전선언문

Vision 임무

나 _____은/는
_____
_____한 기본미래 Plausible Future 사회에 나타날
_____
_____한 또 다른 가능성의 미래 Possible Future 사회에 나타날
_____
_____한 뜻 밖의 미래 Unexpected Future 사회에 나타날
_____
_____ 문제, 욕구, 결핍을 해결하기 위해
내가 타고난……
_____
_____ 에 대한 관심과
_____
_____한 재능(다중지능, 기술발달)과
_____
_____ 행동성향, 성격들을 사용하는
_____ 직업 또는 일을 통해
_____
_____한 가치가 실현되는 더 나은 사회를 만드는 일에 부름을 받았습니다!

Purposes 목적들

이를 성취하기 위해서 다음과 같은 가치, 서비스, 제품, 봉사, 기타 활동인……
_____ 을 우선적으로 제공하겠습니다.

20 년 월 일

기초적인 미래예측 프로세스

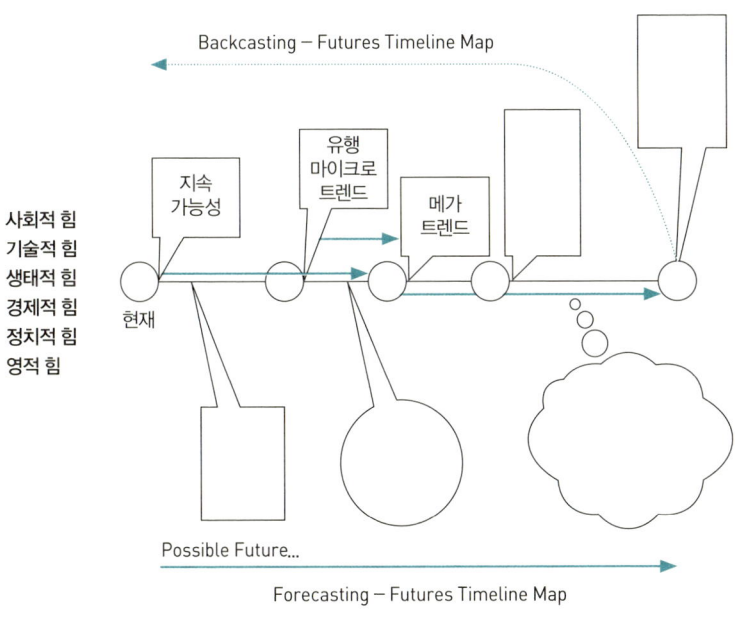

전에 대해 각각 다른 전략을 사용해야 한다. (미래준비학교에서는 미래 전략의 수립을 돕기 위해 기초적인 미래예측 기법을 활용한다)

　목표와 경로를 알 수 있는 좋은 미래 지도도 필요하지만 실제로 목표를 향해 나아갈 수 있는 좋은 항해 기술도 매우 중요하다. 인생 전략가로 유명한 필립 맥그로Philip McGraw는 "꿈꾸기는 쉽다. 그러나 그 꿈을 현실로 만들려면 전략, 프로그램, 구체적인 기술과 지식, 힘 등 많은 것이 필요하다"고 했다. 듀폰의 사례를 통해 조금 더 구체적으로 살펴보자.

　듀폰은 미래전략을 효과적으로 실행하고 있는 기업이다. 1802년 미국 최초의 화약 제조회사로 시작한 듀폰은 나일론을 개발했고, 섬유의 반도체로 불리는 스판덱스 원료인 라이크라를 개발했다. 그리고 합성고무, 기능성 섬유인 쿨맥스 등을 발명하며 화학 산업의 역사를 써온 회사다. 그런데 듀폰의 2013년 매출 1위 사업은 화학 제품이 아니라 농업이었다. 어떤 일이 일어난 것일까?

　1998년, 듀폰의 본사가 있는 델라웨어 주 윌밍턴 시에서 채드 할리데이 회장은 전문가들과 함께 미래 변화를 연구하는 포럼을 열었다. 당시 듀폰은 주력 업종인 섬유산업의 성장 정체와 중국의 빠른 추격에 앞서서 대비하기 위해 미래 산업으로의 신속하고 확실한 전환 필요성을 느끼고 있었다. 이 포럼에서 경영진은 다가오는 미래에는 식량 문제가 가장 큰 인류의 과제이자 앞으로 회사의 100년을 책임질 비즈니스 기회라고 판단했다. 경영진의 미래 통찰력이 돋보이는 장면이다. 21세기 말이 되면 지구의 인구는 140억 명을 돌파할 것이다. 주로 남반구에서 인구가 폭발적으로 증가하면서 신흥국과 아프리카 등 개발도상국들에는 식량 확보가 최우선 과제가 될 것이다. 평균수명 100~120세 시대를 맞게 될 선진국들에서는 건강하게 오래 사는 것이 최고의 화두가 될 것이다. 인구가 늘어나면 식량 문제만이 아니라 환경 문제도 크게 부각된다. 친환경 바이오 연료가 주목을 받을 것이 분명하다. 이 모든 것을 충족시켜 주는 산업으로 듀폰은 농업과 생명과학을 선택한 것이다.

새로운 비전을 설정한 듀폰은 구체적이고 체계적인 변화를 지속적으로 추진해나갔다. 회사 매출의 절반을 차지했던 알짜 석유회사인 코노코를 매각하고 그 돈으로 종자 회사인 파이오니어를 인수했다. 농업과 생명공학 사업에 진출하겠다는 미래 성장 전략과 맞지 않는다는 이유 하나로 전체 매출의 20%를 차지하는 기능성 화학제품 사업도 분사했다. 1935년 나일론을 개발한 이후 줄곧 회사의 주력 사업이며 전체 매출의 25%를 차지했던 섬유사업 부분도 과감하게 매각하고 농약 전문 화학기업인 그리핀과 식품첨가제 기업 솔래 등을 사들였다.[22] 당연히 그때마다 매출이 급감했다. 하지만 듀폰은 미래 생존과 지속가능성을 높이기 위해 파격적인 행보를 멈추지 않았다. 이런 전략적 행보는 삼성 그룹이 삼성전자를 매각하고 로봇회사나 바이오 회사를 인수하는 것과 비슷한 수준의 결단이다.

현재 듀폰은 화학과 섬유산업 세계 1위라는 철옹성을 스스로 열고 나와서 농업과 생명공학을 중심으로 하는 회사로 구조를 재편하는 데 성공했다.

듀폰의 사례에서 전형적으로 볼 수 있는 미래전략 경영의 프로세스를 단계별로 나누면 다음 그림과 같이 표현할 수 있다. 여기서 중요한 것은 한번 미래예측을 바탕으로 전략을 수립했다고 끝나지 않는다는 점이다. 실행 결과와 상황 변화를 모니터링하면서 미래전략을 끊임없이 수정 보완하고 최적화해나가야 한다.

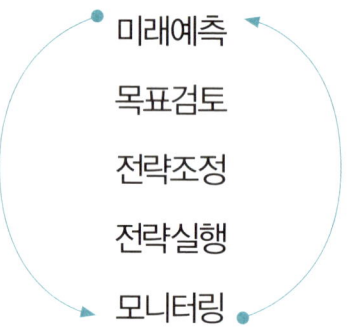

비전을 위한
재정 전략 모델을 개발하라

　　　　　　　　선거 때마다 "바보야, 문제는 경제 야!"라는 슬로건이 등장한다. 비전 디자인에서 마지막으로 할 일이 바로 비전가의 재정 전략을 점검하는 일이다. 비전을 완수하기 위해서는 재정에 대한 지혜로운 준비가 꼭 필요하다. 비전을 포기하는 실제적인 이유 중의 하나가 안타깝게도 돈이 부족해서이기 때문이다. 우리가 사는 시대, 앞으로 살아가야 할 시대는 자본주의 사회가 이어질 것이기 때문에 학습하거나 훈련을 받기 위해서는 재정이 필요하고, 원하는 목표를 이루기 위해서도 재정적 준비는 중요하다. 따라서 정직하고 지혜로운 비전가가 되기 위해서도 재정 관리 능력을 갖춰야 한다.

사실 비전을 추구하는 과정에서 생기는 상당수의 문제가 일 처리에서 발생하기보다는 재정과 관련해서 비롯된다. 그래서 미래준비 학교에서는 다양한 미래 시나리오를 기반으로 자신의 비전을 이루는 데 필요한 재정의 규모나 운영 전략을 시뮬레이션하도록 훈련한다. 아래의 그림은 필자가 사용하는 재정 전략 모델이다.

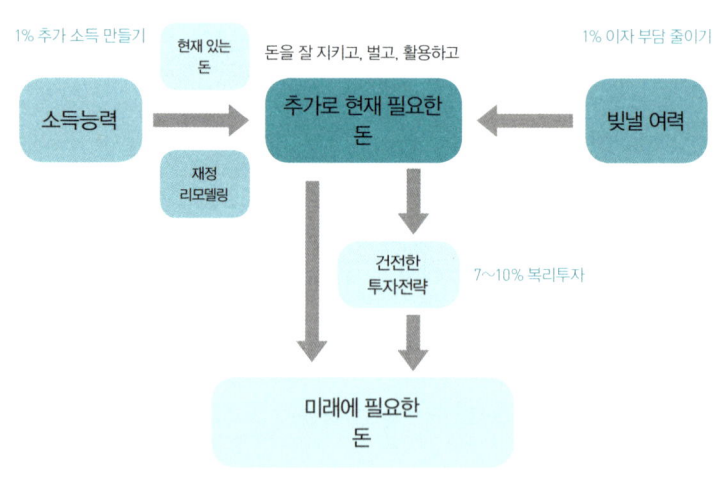

아래의 그림은 필자의 재정 전략 모델에 따라 실제로 시뮬레이션을 한 사례 중 하나이다.

(단위 : 만원)

항목	이월 잔액	1	2	3	4	5	6	7	8	9	10	11	12	합계
수입 A		250	250	250	250	250	250	250	250	250	250	250	250	3,000
수입 B		100	100	100	100	100	100	100	100	100	100	100	100	1,200
수입 C				50		50		50					150	300
추가 수입항목														
총수입		350	350	400	350	350	400	350	350	400	350	350	500	4,500
가계 고정지출		280	295	290	295	280	305	280	295	290	295	280	305	3,490
개인 고정지출		30	30	30	30	60	30	230	30	30	30	30	130	690
추가 지출		50		90						60				
지출 총액		360	325	410	325	340	335	510	325	380	325	310	535	4,480
월잔액		40	25	80	25	10	65	-160	25	80	25	40	65	320
통장 잔액	2,500	2,540	2,565	2,645	2,670	2,680	2,745	2,585	2,610	2,690	2,715	2,755	2,820	

[가계고정지출 세부항목]

항목	이월잔액	1	2	3	4	5	6	7	8	9	10	11	12	합계
지출 A		50		50		50		50		50		50		300
지출 B			65		65		65		65		65		65	390
지출 C		230	230	230	230	230	230	230	230	230	230	230	230	2,760
미래 준비금				10		10		10		10		10		40
총액		280	295	290	295	280	305	280	295	290	295	280	305	3,490

월별 지출 추이 예측표

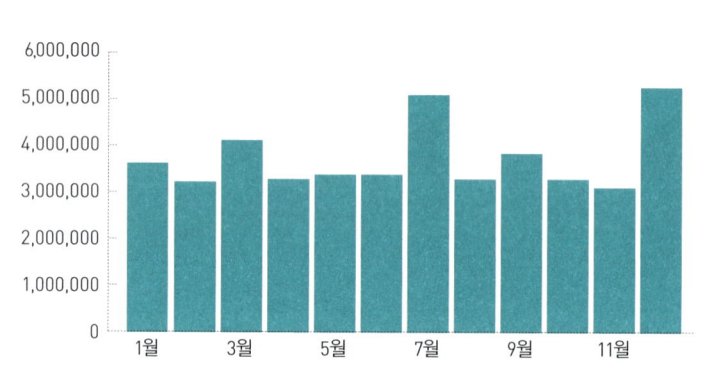

월별 수입 추이 예측표

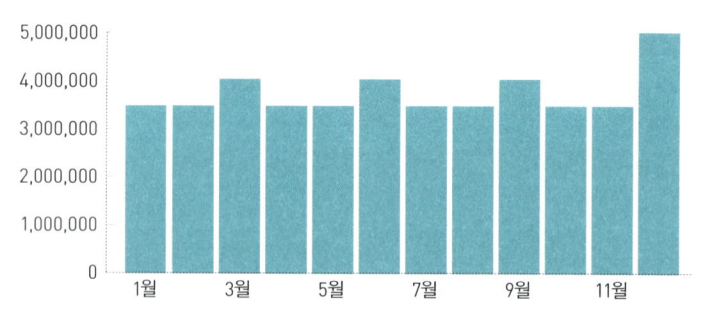

재정전략을 위한 3개의 방패와 3개의 창

비전을 완수하기 위해서는 자신의 비전을 뒷받침할 재정 전략이 필요하다. 재정 전략은 투자 전략과 다르다. 먼저 지금 가지고 있는 집이나 전월세 보증금과 예금, 투자금은 물론 무형의 지식과 노하우, 빚까지 포함한 보유 자산의 가치를 최적으로 관리할 수 있는 방법을 꼭 포함해야 한다. 그리고 자신의 비전에 맞는 재정적 목표를 정하고, 현재 상황과의 차이를 파악해서 그 격차를 극복할 수 있는 방법을 찾아야 한다. 필자는 〈부의 정석(최윤식, 정우석, 지식노마드, 2011년)〉에서 3개의 방패와 3개의 창을 재정적 준비의 방법론으로 제시하였다. 그 기본 개념과 방법을 압축해서 설명하면 다음과 같다.

3개의 방패

부의 방패란 한 마디로 내가 오늘까지 모아 놓은 자산을 잃지 않고 보수적으로 잘 관리할 수 있는 전략이다.

철강왕 앤드류 카네기는 이렇게 말했다. "백만장자의 공통점은 그들이 버는 돈보다 덜 쓴다는 것이다." 대부분의 사람들은 자신이 버는 것보다 더 쓴다. 일명 '구멍 뚫린 전대'를 가지고 산다. 가장 우선적으로 돈주머니의 뚫린 구멍을 막아야 한다. 그렇다고 무조건 아끼고 안 쓴다고 되는 것은 아니다. 금융지식을 활용해서 돈 주머니의 뚫린 구멍을 막아야 한다.

부의 방패에는 다음의 3가지가 있다.

- 보험, 연금, 빚 등의 '금융 관련 자산 리모델링': 불필요한 혹은 과도한 미래의 리스크 관리 비용은 줄이고, 꼭 필요한 리스크를 관리하는 쪽으로 집중한다.
- 주식이나 부동산 등의 '투자 관련 자산 리모델링': 지금이 아니라 최소한 10년 동안 이어질 장기 저성장을 전제로 투자 부동산과 주식의 가치를 평가하고 무엇을 언제 팔 것인지에 대한 전략을 수립한다.
- '소비 관련 자산 리모델링': 소비 패턴을 분석해서 효용성이 떨어지는 부분을 정비하고 앞으로 행복과 만족, 그리고 새로운 부를 창출할 수 있는 새로운 소비패턴을 만든다.

3가지 리모델링의 목표는 같은 비용을 쓰고도 자산 구성이 좀 더 큰 가치를 갖거나 미래에 대한 대응력을 높이는 쪽으로 바꾸는 데 있다.

3개의 창

부의 창은 보유 자산을 지렛대로 삼아 현재 가지고 있는 자산의 크기를 늘리는 전략이다. 예를 들어 당신이 전세금의 일부를 빼서 무형의 자산인 지식과 아이디어를 늘리는 쪽으로 자산을 리모델링하고, 이를 통해 늘어난 지식과 노하우, 새로운 아이디어를 활용해서 소득을 창출함으로써 전체 자산의 크기를 늘리는 식의 전략이 바로 부의 창이 된다.

부의 창에는 다음의 3가지가 있다.

- 일을 해서 부를 늘리는 '소득 효과' : 기술이 진보하고 미래 산업이 빠르게 전개될 미래에 부의 원천은 지식과 네트워크다. 따라서 지식을 지속적으로 생산하는 노동, 네트워크를 지속적으로 생산해 내는 노동을 해야 한다.
- '좋은 투자 효과' : 평균수명 100세 시대에는 근로소득 이외에 '투자 시스템'이 필요하다. 단, 무조건 많이 빨리 버는 것을 목표로 하는 것이 아니라 당신의 철학이 들어가고 지속적으로 발전시킬 수 있는 지혜로운 '자산투자 시스템'을 구축해야 한다.
- '꿈 효과' : 마음의 부자, 행복한 부자가 되는 것과 다른 사람들을 부자로 만들어주는 데 직접 관련되어 있다.

부의 방패와 창을 균형 있게 효과적으로 사용하는 것을 일컬어 '자산 관리' 혹은 '자산 경영'이라고 부른다. 당신에게 필요한 것은 바로 이런 '자산 관리'의 기술이다. 이를 위해서는 기초적인 금융지식, 경제지식이 매우 중요하다.

그리고 재정 전략을 세울 때는 부자들에게 배우자. 부자들은 자산 설계나 자산 투자를 하기 전에 반드시 '인생 설계'부터 한다. 투자의 기초는 자신의 미래에 대한 비전, 그리고 그것을 이루기 위해 필요한 것이 무엇인지 등을 담은 인생 설계다. 자신의 미래인생을 설계하면 막연히 돈을 벌고 싶다는 생각을 넘어 부의 필요성과 원하는 행복의 모습과 크기, 부가 필요한 시기 등을 구체적으로 정할 수 있다. 이를 기초로 자신의 인생 전체의 경제주기를 파악하고 그에 맞는 자산관리 및 투자 시스템을 설계할 수 있다. 목표가 절실하고 구체적일수록 여러 유혹을 넘어 목표를 향해 계획대로 밀고나갈 힘이 커진다.

비전을 세우자. 비전을 세우고 완수하려고 노력하면 미래를 내가 만들어 가는 즐거움을 느끼게 된다. 미래가 자신을 만들도록 내버려 두는 사람에게는 미래가 고통이지만, 스스로 미래를 만들어 나가는 사람에게 미래는 행복이 된다.

비전 완수 역량을 키워주는
비전 훈련

　　　　　　　　　　비전 디자인 단계에서는 앞에서 설명한 일련의 과정을 거치면서 '통합적 미래 시나리오'와 '미래전략'을 수립한다. 핵심만 추려서 비전 디자인 단계를 소개했지만, 하나하나가 많은 연구과 성찰과 실제 지식이 필요한 내용이다. 필자의 경험으로는 비전 디자인 단계를 이 정도로 세밀한 과정을 차근차근 밟아서 꼼꼼하게 진행해야 한다. 그다음 단계들인 비전 훈련, 비전 경영, 비전 재생산 단계의 질이 바로 비전 디자인 단계에서 수행한 작업의 질에 따라 결정되기 때문이다.
　2013년 한 방송사의 다큐멘터리를 보던 중 필자는 다음 구절에 마음이 사로잡혔다.

"직업은 다른 사람의 행복을 위해 기여하는 것이다. 이 부분에서 나만의 직업을 창조할 수 있다. 취미는 나의 행복을 위해 하는 일이다. 취미가 직업이 되기 위해서는 내가 느낀 똑같은 행복을 얻기 원하는 사람들을 찾고, 그 행복을 주는 것이다. 이것이 나만의 직업을 만드는 방법이다."[23]

많은 사람이 묻는다. 적성과 경제력 중에서 무엇을 먼저 기준으로 삼아야 할까? 필자의 대답은 간단하다.

하고 싶은 일을 경제성 있게 만들어라!

하고 싶은 일을 경제성 있게 만들기 위해 필요한 것이 비전 훈련이다. 세상에 공짜는 없다. 쉽게 되는 일도 없다. 그러나 불가능한 일도 없다. 당신이 하고 싶은 일을 경제성 있게 만들려면 어려운 조건을 만족시켜야 한다. 어렵지만 훈련하면 가능하다. 20대에 10년 가까이 도서관이나 고시촌에 앉아 공부하고 훈련하는 지금의 노력과 시간이면 충분히 얻을 수 있는 조건이다. 문제는 어떤 방향을 향해 노력과 시간을 투자할 것인지다.

일만 시간의 법칙은 틀리지 않았다. 문제는 어떤 방향으로, 무엇을 위해 일만 시간을 투자하느냐다. 비전 완수를 위해서는 올바른

방향과 훈련이 매우 중요하다. (미래준비학교에서는 잘 훈련된 '비전 코치'가 이 역할을 돕는다)

비전 훈련에서는 무엇을 해야 할까? 첫 번째 비전 훈련은 가치, 세상, 나에 대한 심층 탐구다. 가치와 세상을 더 깊이 알고 나 자신을 더 깊이 아는 것이다. 한마디로 '영성 훈련'이다. 필자는 이것을 비전 훈련의 핵심이라고 생각한다. 이 단계는 비전 스케치나 비전 디자인 단계에 비해 오랜 시간이 필요하다. 심층 탐구를 통해 내면을 깊이 성찰하고 영적으로 성숙해지기 위해서는 시간이 걸리기 때문이다. 심층 탐구는 비전가의 인격人格, Personality을 성장시킨다. 인격은 한 사람에게서 일관되게 나타나는 품격이고 품위이며 됨됨이다.

두 번째 비전 훈련은 비전 디자인 단계에서 설정한 것들에 대한 심층 탐구다. 비전에 대한 심층 탐구를 통해서 더 아름답고 더 깊이 있게, 더 전문적이며 더 세밀하고 구체적으로 비전을 심층 디자인해 간다.

세 번째 비전 훈련은 비전 완수에 필요한 비전 역량을 더 찾고 개발하는 것이다. 비전 자극과 기술적 반복 훈련을 통해 관심사를 더 발견하고, 기본 자질과 재능을 탁월한 수준의 기술로 개발하는 것이다. 가치를 알고, 세상을 알고, 자신을 더 깊이 알아갈수록 우리는 내 안에 숨겨진 비전 역량을 더 많이 찾아낼 수 있다. 찾아낸 역량을 반복적인 훈련을 통해 계발할 수 있다. 미래준비학교의 비전 훈련 단계에서는 계속해서 비전 자극을 반복하고, 찾아낸 비전 역량을 다양하고 폭넓은 영역에 걸쳐서 독서, 탐구, 직접 경험과 기술적 훈련을 통해 계발할 수 있도록 조언하고 코칭한다. 예를 들어, 하고 싶은 일을 경제성 있게 만들고, 다른 사람의 행복을 위해 이바지하는 꿈의 직업을 만들 수 있도록 다음과 같은 것을 공부하고 훈련한다.

- 전문성
- 실패와 고통의 경험
- 사업 수완(경영, 경제, 마케팅)
- 리더십
- 시장 변화를 읽는 기술(예측 통찰력)
- 자질(태도)

여기서 자질 훈련이란 비전가로서 갖추어야 할 공통적인 태도를 말한다. 좋은 언어 습관, 건강한 사고 습관, 모든 사람과 좋은 관계를 형성할 수 있는 자질(태도), 실행력 등을 훈련하는 것이다.

휴먼 스킬과 실행력

인공지능을 포함한 미래기술이 발달할수록 휴먼 스킬Human SKill이 중요해질 것이다. 휴먼 스킬의 핵심은 인간관계를 맺는 능력이다. 관계 훈련의 경우 3가지가 필요하다. 첫째는 리더십 훈련이다. 참고할만한 리더십 훈련 자료는 매우 많아서 여기서는 미래의 리더십이 어떻게 다른지만 언급하겠다.

앨빈 토플러는 〈제3의 물결(홍신문화사, 2006)〉에서 "내일의 지도자들은 강력한 리더십보다는 다른 사람의 말에 귀를 기울일 줄 아는 능력이 있고, 불도저처럼 밀고 나가는 힘보다는 상상력이 있어야 하고 과대망상이 아니어야 하며, 새로운 세계에서 리더십의 한계를 인식할 줄 알아야 한다"고 했다.

둘째는 팔로워십Followership 훈련이다. 이 땅에 존재하는 사람들은 누구나 예외 없이 리더이자 동시에 다른 리더를 섬기고 따르는 사람이다. '나는 리더로만 살아가겠다'는 것은 교만이다. 오직 나만이 존귀한 신적 존재가 아닌 이상 누군가를 섬기고 따르고 도와주어야만 한다. 이 능력이 바로 팔로워십으로 매우 중요하게 훈련받아야 할 항목이다.

그러나 우리 사회에서는 리더가 되는 훈련만 시키고 있다. 특히 자녀가 하나뿐이기 때문에 기죽지 말라는 것부터 시작해서 모든 사람의 위에 군림하는 리더가 되라고 은근히 강요한다. 이렇게 자란 아이는 미래의 진정한 리더가 될 수 없다. 과단성이 강조돼서 고집이 세고 독선적으로까지 보이는 리더십은 산업화 시대의 관료적인 조직에서나 통하던 낡은 리더십이기 때문이다. 수평적인 네트워크의 시대, 서로 이질적인 분야 사이의 융복합이 중요한 시대에는 다른 사람·조직과의 협력이 중요하다. 따라서 미래의 리더십은 팔로워십을 전제로 한다. 마지막으로 훈련할 것은 펠로우십Fellowship이다. 즉 협력자이자 공동체의 구성원으로 다른 사람과 함께 살아가는 방법을 배워야 한다.

실행 능력도 꼭 훈련해야 한다. 좋은 계획을 세우는 사람은 많지만 좋은 계획을 '실행'에 옮겨 결과를 내는 사람은 극히 적다. 통계로 보면 약 3%의 사람만이 계획한 것을 실행에 옮긴다. 그래서 세상에서 성공하는 사람들의 비율이 3% 정도에 불과한지도 모르겠다. 실행력은 타고난 자질이나 역량이 아니라 훈련을 통해서 기르는 능력이다. 지금까지는 대개 실행력 향상을 전적으로 개인의 책임으로 돌렸다. "너는 도대체 말만 하지 제대로 하는 것이 하나도 없어!"라고 꾸짖기만 하는 데서 그쳤다. 그러나 꾸짖기 전에 먼저 훈련을 시켜주어야 한다. 훈련은 리더와 조직과 공동체의 책임이다.

실행력이란 "실패를 통해 깨닫고, 즉각 전략을 변화시켜 행동을 발전시키는 것"이라고 필자는 정의한다. 실행력을 기르려면 일에서 실패했을 때 그 실패 속에서 무언가를 깨닫게 이끌어주어야 한다.

깨달은 것을 전략에 반영하여 실패를 반복하지 않도록 도와주어야 한다. 필요하다면 행동의 변화나 새로운 행동 양식을 훈련할 기회를 주어야 한다. 실행력은 시간이 지난다고 자연스럽게 향상되는 것이 아니라 의도적으로 훈련하고 반복해야 향상되며, 그런 훈련의 기회를 주는 것은 리더의 책임이다.

미래인재로서의
5가지 역량 훈련, SMART

　　　　　　　　　미래준비학교에서는 실행 능력과 인성, 그리고 추가적인 몇 가지 비전가로서의 자질을 종합적으로 훈련하기 위해 'SMART 미래인재 역량 훈련'을 실시한다. 'SMART 미래인재 역량 훈련'에서 훈련의 목표로 하는 역량은 미래예측을 기반으로 추출한 것들이다. (참고로, 지금부터 설명하는 내용은 필자의 저서 〈2030 부의 미래지도〉, 〈2030 기회의 대이동〉에서 미래인재의 조건을 예측한 내용을 간추린 것이다)

　　미래인재와 관련된 미래 변화를 잠시 예측해 보자. 시대 변화는 필요한 인재의 정의도 바꾼다. 미래인재의 조건은 무엇일까? 확실한 것부터 짚어보자. 지금 젊은이들 사이에서 유행하는 '스펙'은 변별력을 상실하게 될 것이다.[24] 세계화의 가속화로 언어장벽이 사라지기 때문에 외국어 능력도 경쟁력이 없어진다. 구글 번역기나 인공지능 기술을 활용한 동시통역 같은 언어소통 솔루션의 발달은 언어학습의 필요성을 획기적으로 낮출 것이다. 기술 지식 역시 그다지 중요한 경쟁력이 되지 못할 것이다. 대부분 기술은 공개되었고, 공개되지 않은 기술은 돈을 주고 살 수 있게 된다. 명문대 공대생이 4년 동안 배우는 내용의 90% 이상은 이미 기업에서 컴퓨팅과 프로그래밍으로 해결할 수 있다. 지금 우리가 알고 있는 지식의 가치는 갈수록 떨어질 것이다. 굳이 습득하거나 외우지 않아도 언제 어디서든 검색하고 활용할 수 있기 때문이다.

언어소통보다는 의사소통이, 지식보다는 지혜가, 암기력보다는 이해력이, 매뉴얼보다는 창의력이 미래에는 훨씬 중요한 경쟁력이 될 것이다.

인재상도 많이 달라질 것이다. 제품을 팔기 위해서는 제품도 잘 알아야 하지만, 제품을 구매할 사람을 잘 이해하는 것이 더 중요한 능력이 될 것이다. 사람을 이해한다는 것은 사람의 심리, 사람의 역사, 사람의 철학, 사람의 성향, 사람의 정서와 감정·감성까지 잘 이해한다는 뜻이다. 결국 이 모든 것을 아우르는 인문학적 소양이 실행력을 향상하는 핵심적인 자질이 된다. 사람에 대한 관찰과 탐구, 그리고 관심과 애정을 보낼 수 있는 능력이 중요한 실행력이 될 것이다. '마음을 쓰는 능력'이 '머리를 쓰는 능력'을 뛰어넘어 가장 자연스럽고 가장 필요한 능력이 되고 기업과 고객과 직원이 모두 행복한 상황을 만드는 핵심 역량이 될 것이다.[25]

서비스의 핵심은 한 고객이 가진 그만의 정체성을 확인해주는 과정이다. 미래에는 고객이 가장 중요하게 생각하는 것, 가장 인정받고 싶어 하는 것을 파악해서 고객이 자신만의 고유한 정체성을 느끼게 해주는 서비스가 더욱 중요해진다. 웬만한 정보 처리나 단순한 일은 로봇과 인공지능이 하게 된다. 매뉴얼에 나오는 서비스가 아니라 그 사람 개인에 맞는 서비스가 필요해진다. 그래서 미래인재에게 요구되는 실행력은 고객의 상황을 진심으로 이해하는 능력이 될 것이다. 고객의 욕구를 꿰뚫어보는 능력이 있다면 고객을 더 빨리 이해하고 가장 정확한 해결책을 내놓을 수 있다. 여기에 따뜻한 인성이 더해진다면 고객은 자신의 인생에서 가장 특별한 경험을 하게 될 것이다.

이런 예측을 기반으로 필자는 미래인재가 갖추어야 할 실행력 혹은 인재의 조건을 예측했다. 필자의 미래인재의 조건 'SMART'를 간략히 정리하면 다음 표와 같다. 이제 'SMART 미래인재 역량' 훈련에 대해서 구체적으로 살펴보자.

SMART 미래인재 역량 5가지

Sense	사물이나 현상에 대한 감각, 판단, 통찰력을 길러라	직관적 통찰력 훈련된 통찰력
Method	조직적이고 체계적인 방법을 갖춰라	종합적/분석적 사고 체계적 업무 처리 능력
Art	자신의 지식과 기술을 예술의 경지로 높여 장인이 되어라	숙련된 지식 예술적 상상력
Relationship	친밀한 관계를 확보하라	네트워크, 집단지성 인격/성품, 의사소통 능력
Technology	최신 기술을 활용하고 기술지능을 높여라	하드웨어/소프트웨어 활용 능력 기술지능

필자의 5가지 'SMART 미래인재 역량'은 놀랍게도 OECD(경제협력개발기구)의 12개 회원국이 참여하여 1997년부터 2003년까지 수행한 'DeSeCo Defining and Selecting Key Competencies 프로젝트'에서 추출한 미래사회에 필요한 생애 핵심역량 3가지와 정확히 대응된다. DeSeCo 프로젝트에서 추출한 미래의 생애 핵심역량은 다음과 같다.

- 도구를 상호적으로 사용하기 Using Tools Interactively
    - 언어나 상징, 텍스트를 상호적으로 사용할 수 있는 능력
    - 지식과 정보를 상호적으로 사용할 수 있는 능력

- 기술을 상호적으로 이용할 수 있는 능력

• 이질적인 집단과 상호작용하기 Joining and Functioning in Socially Heterogeneous Groups

- 다른 사람들과 좋은 관계를 맺는 능력

- 협동할 수 있는 능력

- 갈등을 관리하고 해결하는 능력

• 자율적으로 행동하기 Acting Autonomously

- 큰 그림 안에서 행동할 수 있는 능력

- 생애 계획과 개인적 프로젝트를 만들고 수행할 수 있는 능력

- 권리와 흥미, 한계와 필요를 주장할 수 있는 능력

도구를 상호적으로 사용하는 능력은 필자의 'SMART 미래인재 역량'에서 Sense, Art, Technology 활용 능력에 해당한다. 이질적인 집단과 상호작용하는 능력은 Relationship에 해당한다. 자율적으로 행동하는 능력은 필자가 이 책 전체를 통해 강조하는 비전 역량과 Method에 해당한다.

SMART 미래인재 역량과 DeSeCo 프로젝트 생애 핵심역량의 대응관계

SMART 미래인재 역량	DeSeCo 프로젝트 생애 핵심 역량
Sense 직관적·훈련된 통찰력	도구를 상호적으로 사용하기
Art 예술 수준의 숙련된 지식, 예술적 상상력	
Technology 기술 활용 능력, 기술지능	
Relationship 네트워크, 집단지성, 인격/성품, 의사소통 능력	이질적인 집단과 상호작용하기
Method 종합적/분석적 사고, 체계적 업무 처리 능력[+비전 역량]	자율적으로 행동하기

Sense,
사물·현상에 대한 감각, 판단, 통찰력

젊은 미혼모의 아들로 태어나 입양아로 자란 사람. 독창적인 아이디어와 미학을 바탕으로 금세기 최고의 혁신적 경영자로 평가받는 사람. 바로 스티브 잡스다. 1976년 스티브 워즈니악과 동업으로 애플 컴퓨터 회사를 세운 그는 PC에 최초로 마우스를 장착했다. 매킨토시 컴퓨터와 아이팟에 이어 아이폰과 아이패드, 온라인 음악 스토어, 온라인 앱 스토어 등 혁신적인 제품과 서비스를 만들어서 산업의 질서와 판도를 바꾸고 우리들의 라이프스타일을 바꾸었다. 그는 또한 픽사Pixar 애니메이션을 통해 세계 최초로 컴퓨터 3D 애니메이션 영화인 '토이 스토리'를 만든 사람이다. 이어서 '몬스터 주식회사', '니모를 찾아서',

'인크레더블' 등 창의적 3D 애니메이션을 히트시키며 픽사를 디즈니를 능가하는 세계 최고의 애니메이션 스튜디오로 성장시켰다.

스티브 잡스의 놀라운 상상력과 최고의 의사결정 능력은 어디서 비롯되었을까? 2005년 8월 스탠퍼드 대학 졸업식장에서 스티브 잡스는 스스로 비밀을 공개했다.

> 내가 나의 호기심과 '직관'을 따라가다가 부딪힌 것 중 많은 것들은 나중에 값으로 매길 수 없는 가치로 나타났습니다…. 가장 중요한 것은 당신의 마음과 '직관'을 따라가는 용기를 가지는 것입니다."

초기의 컴퓨터는 큰 방 하나를 차지할 만큼 거대했지만, 그 크기와 모양에 대해 사람들은 당연한 것으로 받아들일 뿐 누구도 이의를 제기하지 않았다. 하지만 스티브 잡스는 미래에는 이런 공룡 같은 컴퓨터가 아닌 다른 스타일의 컴퓨터가 지배하는 시대가 될 것을 직감했다. 곧 그의 머릿속에서 컴퓨터에 관한 혁신이 시작되었다. 모니터와 키보드를 분리하고 크기는 작아져야 했다. 훨씬 더 예쁜 모양을 가져야 하고 귀에 거슬리는 소음을 없애야 했다. 미래에는 이런 새로운 스타일의 컴퓨터를 많은 사람이 원할 것이고 그렇기에 수십억 달러의 가치를 가지게 될 것을 확신했다.

GE의 CEO였던 잭 웰치도 "자신의 직관을 스스로 읽을 수 있는 사람은 깨달음을 얻게 된다"라고 말했다. 작은 소매점에서 출발해 10년 만에 세계 최고의 커피 회사로 성장한 스타벅스의 신화도 부유해진 중산층의 문화적 수요를 통찰한 하워드 슐츠의 직관에서 시작되었다. 특정한 영역에서 성공한 사람들은 대부분 성공적인 판단의 80~90%를 직관에 의존한다.

미래사회로 갈수록 이러한 '직관'은 지금까지보다 더욱더 중요한 역할을 하게 될 것이다. 그런데 탁월한 직관을 낳는 통찰력은 자연스럽게 생기지 않는다. 앞에서 설명한 것처럼 통찰력은 끊임없는 훈련을 통해 습득된다. 필자는 통찰력을 2가지로 나눈다. 하나는 '훈련된 통찰력'이다. 다른 하나는 '훈련된 통찰력'을 바탕으로 긴급하고 위험한 상황에서 빠르게 작용하는 '직관적 통찰력'이다. 흔히 통찰력 하면 '직관적 통찰력'만을 생각한다. 그래서 통찰력을 선천적으로 타고난 능력으로 오해한다.

그런데 최근 뇌 의학의 발달로 뇌의 신비가 밝혀지면서 이런 상식이 깨지고 있다. 위급한 문제나 중대한 사안이 닥쳤을 때, 천재적인 직관으로 해답을 찾아내는 '직관적 통찰력'이 발휘되는 과정이 밝혀지고 있다. 신경학자 미하엘 팔켄슈타인이 1990년대 초반에 ERN[Error Related Negativity]란 뇌파를 발견했다. 이 뇌파는 일종의 자동 정정 기능을 수행한다.

긴급한 상황 가운데서 특정한 행동을 하기로 결정하면 뇌는 곧바로 그 행동의 결과로 미래에 어떤 일이 일어날지를 상상한다. 그런데 그 상상의 결과가 뇌의 인지 영역이 원래 기대했던 결과와 일치하면 '만족감'이라는 보상을 곧바로 내리지만, 그렇지 않은(불일치) 상황이 예측되면 뇌는 즉시 일종의 벌에 해당하는 '두려움'의 감정 시스템을 작동한다.

특정한 문제나 위급한 상황에 빠지게 되면 우리의 뇌는 이러한 불일치를 찾으려고 모든 감각기관을 동원해 주변을 관찰하는 데 총력을 기울인다. 이것을 '오류 정정 시스템ERN' 혹은 '실수 감시 시스템'이라고 부른다.[26] 우리의 뇌는 이런 시스템을 온종일 작동하면서 수많은 상황을 자신의 뇌 속에 만들어져 있는 패턴이나 모범 사례와 비교하면서 본능에 따라 혹은 직관적으로 오류를 정정한다. 순간적으로 "아, 이것은 무언가 틀렸다!" 혹은 "아, 이것이 분명 해답일 거야!"라는 판단을 내리는 것이다.

이러한 '오류 정정 시스템'은 잘못된 판단을 직관적으로 느끼게 함으로써 우리가 미래에 저지를 수 있는 커다란 실수를 미리 발견하고 방지할 수 있는 능력을 갖추게 한다. 그런데 사고를 당하거나 마약 중독 등에 의해 전전두엽에 손상을 입은 사람의 경우 이 기능에 큰 문제가 생긴다.

신경학자인 잉그마르 프랑켄은 알코올 중독자들과 마약 중독자들에게서 오류 경고 시스템에 심각한 손상이 있음을 발견했다. 파킨슨병이나 치매에 걸린 사람들도 역시 매우 약한 ERN 파장을 가지고 있는 것으로 밝혀졌다. 그들은 실수를 반복해서 저지르면서도 그 사실을 알아차리지 못할 뿐만 아니라 실수를 고치려고도 하지 않았다. 반대로 지나치게 강력한 ERN 파장이 발생하는 경우에는 자신을 불필요하게 과잉 통제하는 부작용이 생긴다. 예를 들어 계속해서 손을 씻는다거나 가스 밸브를 잠갔는지 반복해서 확인하지 않으면 불안해하는 경우가 이에 해당한다.

직관적인 통찰력을 잘 발휘하는 방법을 바로 오류 정정 시스템의 발견에서 찾을 수 있다. 신경심리학자들의 연구를 따르면 행동의 목표를 정확하게 정하거나 문제를 정확하게 규정하는 것이 중요하다. 목표가 분명하면 우리 뇌의 시스템이 어떤 일들이 잘못된 방향으로 갈 가능성이 있는지 없는지를 훨씬 빨리 발견하도록 효율적으로 작동한다. 문제가 무엇인지 목표가 무엇인지 분명하지 않고 모호한 상태로 있으면 오류 정정 시스템이 효율적으로 작동하지 못한다. 그런데 더 중요한 것은 평소에 통찰력을 훈련해야 한다는 점이다. 위험하고 중요한 선택을 해야 할 상황에 이르기 전에 미리 '훈련된 통찰력'을 길러두어야 한다. 그래야 긴급한 상황에서 '직관적 통찰력'을 제대로 발휘할 수 있다. 직관적 통찰력은 평소의 훈련된 통찰력에 바탕을 두고 있기 때문이다.

"직관적으로 첫 번째 떠오른 생각이 정답일 확률이 두 번째 떠오는 생각보다 훨씬 높다." 최근에 발표된 흥미로운 뇌공학 연구 결과 중 하나다. 뇌의 시스템은 다양한 감각기관을 통해 감지되는 현상을 기존의 기억, 감성적 판단과 비교해서 최적의 해답을 내부에서 끌어내기 때문이다. 아무리 뇌의 의사결정(판단) 시스템이 효율적으로 작동하더라도, 이 시스템이 사용하는 기초 정보인 의식과 무의식에 저장된 경험이나 정보의 기억이 '빈약'하거나 '불량'한 것이라면 그 결과도 좋을 수 없다.

자칫 전전두엽의 시스템이 부적절하고 부실한 정보를 바탕으로 작동한 결과를 마치 최고의 선택이나 해결책으로 착각하고 행동하게 되면 엄청난 재앙을 불러올 수도 있다. 이 경우 다양한 해결책 중 최고를 골라 봐야 소용이 없다. 전문가들은 이것을 '감정적 암시(직관적 통찰력)의 속임수'라고 한다.

직관적 통찰력이 최고의 기능을 발휘하도록 하려면 평소에 의식과 무의식 속에 최신의 정보나 최고의 정보를 끊임없이 넣어주어야 한다. 그리고 오늘의 훈련 과정에서 다양한 시행착오를 미리 겪어 보아야 한다. 무언가 결정을 내리고자 할 때 전전두피질에 그 선택의 이유를 공급하는 원천은 평소 훈련을 통해 무의식에 축적한 경험과 정보다.

기억은 위급한 상황에서 구원의 빛처럼 나타나는 직관적 통찰력의 원천이다. 당면한 현재의 문제나 상황을 평소 의식과 무의식에 저장되어 있던 것들과 비교하고 이 과정에서 오류 정정 시스템이 작동하면서 최고의 판단을 직관적으로 내리게 된다. 운동선수들도 마찬가지다. 평소 다양한 가상훈련을 통해 경험을 많이 축적한 선수는 실전에서 발생하는 다양한 상황을 맞아 당황하지 않고 직관적으로 최고의 판단을 하고 찰나의 순간에 정확한 행동을 취할 수 있다.

그러면 어떻게 해야 훈련된 통찰력을 기를 수 있을까? 미래준비학교에서는 3가지 방법으로 훈련을 시킨다.

- 정보 업데이트 Updating
- 정보 필터링 Filtering
- 시뮬레이션 Simulating

첫째, 정보를 업데이트 Updating 해야 한다. 끊임없는 '학습'을 통해 새로운 정보나 경험을 의식과 무의식에 저장해야 한다. 실수도 아주 중요한 훈련의 한 부분이다. 뇌과학에 의해 "실패는 성공의 어머니다"라는 말의 과학성이 증명되었다. 인간의 뇌는 아주 짧은 시간 안에 실수를 발견하고 그 실수를 바로잡으면서 기억의 오류를 수정하여 업데이트하는 신경 그물망 조직을 가지고 있다.

둘째, 정보를 필터링 Filtering 해야 한다. 새로운 정보를 입력하는 것이 중요하다고 해서 정보를 무작정 저장하는 것은 비효율적이다. 정보가 폭발적으로 증가하면서 무용無用 지식이 늘어나는 요즘 같은 시절에는 더욱더 그렇다. 정보를 많이 축적하기보다는 '직관을 흐리게 하는 정보나 사고를 좁히는 경험의 장애물'을 제거하거나 걸러서Filtering 저장해야 한다. 왜곡된 정보를 무분별하게 흡수해 기억해 놓으면 잘못된 직관적 통찰력이 나오게 된다.

셋째, 시뮬레이션Simulating을 통해 학습해야 한다. 우리 뇌의 특성 때문에 기억을 저장할 때는 가능하면 경험적인 지식의 형태로 저장하는 것이 유리하다. 예를 들어 영어 단어를 무작정 외우는 것보다 외운 단어를 가지고 다른 사람들 앞에서 발표하거나 가르치는 '경험'을 덧붙이면 뇌가 강력하게 기억하게 된다. 시뮬레이션 기억도 같은 원리다. 비행기 조종사들은 실제로 비행기를 조종하기 전에 수많은 시간을 시뮬레이션 기계 안에서 보낸다. 실전에서는 경험이 많은 조종사 옆자리에 앉아서 많은 실전 경험을 축적한다. 이러한 시뮬레이션을 통한 훈련은 짧은 시간 내에 직관을 강력하게 훈련함으로써 실전에서 빠르고 올바른 통찰력을 발휘할 수 있도록 하는 데 효과가 크다.

훈련된 통찰력을 위한 훈련을 신선하고 맛있는 오렌지 주스를 직접 만들어 먹는 경우에 비유해 보자. 성능이 뛰어난 주스 기계가 필요하고 품질이 좋은 신선한 오렌지가 필요하다. 두 가지 모두 중요하다. 한쪽이 다른 한쪽을 대신 할 수 없다. 성능이 뛰어난 주스 기계를 갖는 것은 사고의 훈련에 해당한다고 볼 수 있다. 당연히 품질 좋은 오렌지를 선별하고 확보하는 것은 좋은 데이터를 확보하는 것에 해당한다. 그리고 시뮬레이션은 이 두 가지 요소를 가지고 다양한 조합을 시도해 보며 최고의 오렌지 주스를 뽑는 방법을 연습하는 것에 해당한다.

Method, 통합적·분석적
사고 능력과 체계적 업무 능력

미래에는 숙련된 지식을 만들기 위해 학교에 다니거나 교과서를 달달 외울 필요가 없어질 것이다. 학교나 교과서가 필요 없다는 의미가 아니다. 그런 전략은 지금보다도 훨씬 비효율적이 될 것이라는 의미다. 미래사회에서는 지식의 양이 지금보다 더욱더 폭발적으로 증가할 것이다. 원하는 지식은 빅데이터에 접속하는 순간 얻을 수 있게 된다. 그래서는 안 되지만, 마음만 먹으면 핵폭탄 제조 기술도 얻을 수 있다. 단순히 암기를 통해 지식을 머릿속에 넣어두거나 필요한 지식을 배우기 위해 학교에 다니는 것은 속도와 효율성 면에서 좋지 않은 선택이다. 미래사회에서는 정보를 습득하는 능력보다는 정보를 종합하고 분석하고 활용하는 능력이 훨씬 더 중요해진다.

SAS(비즈니스 분석 소프트웨어 개발 회사) 부회장인 짐 데이비스는 "앞으로는 기업들이 정보와 지식을 어떻게 효과적으로 관리하고 경영에 활용하느냐에 따라 기업의 운명이 달라질 것이다"라는 말로 미래사회의 변화를 설명했다. 즉, 누가 정보를 더 효율적으로 다루어 새로운 '정보 가치사슬'을 먼저 만들어내느냐가 중요하다는 뜻이다. 이를 위해서 꼭 필요한 능력이 바로 정보 처리 능력의 원천인 인식(사고) 기술이다. 미래사회에서 인식 기술은 아주 중요한 능력이 될 것이다. 특히, 종합적이면서도 분석적으로 사고할 수 있는 인식 기술을 갖추어야 한다. 한동안 소외되었던 철학, 경영학, 심리학, 사회학, 경제학, 미래학 등을 활용한 인식 기술 능력이 다시 중요한 자리를 차지하게 될 것이다.

미래준비학교에서 실시하는 종합적/분석적 사고 능력을 키우기 위한 사고 기술 훈련 방법을 간략히 소개한다.

> **훈련1: 인문학의 눈으로 세상을 보라.**

인문학은 미래 인재의 핵심인 상상력의 원천이며 동시에 인생을 살아가면서 끊임없이 맞게 될 위기를 극복하는 지혜의 보고다. 스티브 잡스는 "나는 지금도 낭만주의 시인 윌리엄 블레이크에 심취해 있고, 시를 읽으면 다양한 아이디어가 샘솟는다"라고 말했다. 그에게는 기술자가 지녀야 할 능력 이외에 지적 사유에 의해 축적해 온 문학적 자산이 있었던 것이다.

빌 게이츠도 "인문학이 없었다면 나도 없고, 컴퓨터도 없었을 것이다"라고 말했다. 그 역시 어렸을 적부터 시작된 인문학에 관한 관심이 상상력, 자기 계발, 미래를 읽는 눈을 길러주는 원천이었다고 고백했다. '시에서 아이디어를 얻다'의 저자인 황인원 교수는 시와 문학 속에 들어 있는 은유, 환유, 의인 등의 표현 방법과 문학적 창작을 할 때 사용되는 관찰법, 생각법, 상상법 등이 창조적 사고력을 훈련해줄 뿐만 아니라, 나중에 창조적 리더로 성장하는 데 아주 중요한 역할을 한다고 분석했다. 현대 경영학의 아버지로 불리는 피터 드러커 역시 자신이 경영에 관심을 두게 된 계기가 문학이었고, 위대한 소설가들에게서 사람과 세상을 배웠다고 고백했다.

이처럼 인문학은 단순히 '지적 재미'를 주는 것에 그치지 않고, 인간과 세상에 대한 이해를 통해 상상력을 극대화해 준다. 이런 상상력은 뚜렷한 정답을 찾을 수 없는 위기 상황에서 탈출구를 찾게 해 주는 원천이 된다. 삼성그룹 창업자인 이병철 전 회장은 사업상 중요한 결정을 내릴 때는 '논어'를 읽으며 통찰력과 창조적 경영 판단을 얻었다고 한다. 정주영 현대그룹 전 회장도 마찬가지였다. 어렸을 적부터 신문에 실린 소설을 즐겨 읽으며 상상력을 키웠고, 경영에 바쁠 때도 문화인들과 자주 어울렸다. 이런 과정에서 세상의 변화를 읽고 고객의 심리, 기호, 트렌드, 욕구 등을 파악하는 통찰력을 얻을 수 있었다.

아무리 과학과 기술이 발달해도 인문학적 상상력이 더해져야 비로소 '이 새로운 기술을 가지고 무엇을 할까?'에 대한 제대로 된 해결책을 만들 수 있다. '타이타닉'과 '아바타'의 제임스 캐머런 감독은 트럭 운전사 시절에 미친 듯이 책을 읽으며 최고의 상상력을 연마했다.

인문학은 또한 우리의 내면을 풍부하게 해준다. 내면의 풍부함은 좋은 인격을 형성하고, 좋은 인격은 품성으로 드러나 주위 사람에게 신뢰감을 준다. 다양한 분야의 다양한 사람과 경계를 넘나들며 협업하는 것이 중요한 미래의 인재에게 필요한 핵심 조건 중 하나가 인성과 품성이다. 인문, 예술, 종교 등은 바로 이 부분을 길러준다. 좋은 인성이란 존재의식에서 비롯된다. 왜 태어났는지, 왜 살아야 하는지, 죽음 이후의 세계는 있는지, 신은 존재하는지, 타인의 존재는 무엇을 의미하는지, 욕망의 끝은 어디인지, 아름다움이란 무엇이고 추악한 것이란 무엇인지 등과 같은 근본적 질문과 탐구를 통해 바른 가치를 형성해 가는 과정에서 좋은 인성이 만들어진다. (인문대학을 영어로 표기할 때 'College of Humanities'라고 한다. 이때 사용되는 'Humanities'를 직역하면 '인간성'이다)

훈련 2: 역사를 통해 세상을 읽어라.

역사를 제대로 알면 복잡하고 빠르게 변화하는 세상을 이해할 수 있고 미래예측에도 큰 통찰력을 얻을 수 있다. 우리 앞에 다가오는 수많은 위험을 줄이기 위해서는 역사적 안목이 필수적이다. 아무리 세상이 변해도 성공과 실패를 결정짓는 요인의 많은 부분은 반복해서 나타난다. 인간의 본성이 쉽게 바뀌지 않기 때문이다. 제국의 흥망성쇠를 연구하면 자신이 속한 기업뿐만 아니라, 다가오는 자신의 미래를 성공으로 이끌 중요한 지침과 통찰력을 얻을 수 있다. 영국의 역사학자 E.H. 카의 말대로 "역사는 과거와 현재의 대화이며, 과거를 해석하면 미래를 통찰할 수 있다."

10대 시절 만년 꼴찌였던 윈스턴 처칠을 시대의 정치가로 키운 것도 역사적 상상력이었다. 처칠은 고등학교를 졸업할 때까지 늘 꼴찌였다. 하지만 하루도 빠지지 않고 열심히 책을 읽었다. 특히 역사와 문학을 좋아했다. 군 복무 시절에는 기번의 '로마제국쇠망사'를 하루에 5시간씩 탐독했다. "멀리 되돌아볼수록 더 먼 미래를 볼 수 있다"는 자신의 말대로 처칠은 역사에서 길을 찾았다.

역사적 지식은 또한 비즈니스에 대한 풍부한 상상력의 원천이 된다. 삼성전자가 스페인에서 콜럼버스라는 역사적 인물을 옴니아폰 마케팅과 연결해 마케팅에 성공한 적이 있었다. 바르셀로나 해변의 유명한 관광명소 중 하나인 '바다를 향해 손가락을 가리키고 있는 콜럼버스 기념비'를 옴니아폰 마케팅 모델로 등장시키면서 '콜럼버스의 손가락은 어디 갔을까?' 하는 질문과 '터치시티에서 콜럼버스의 손가락을 만나세요'라는 슬로건을 묶어 로드쇼를 진행했다. 삼성전자는 이 로드쇼를 통해 콜럼버스가 새로운 대륙을 발견했듯이 옴니아폰은 터치만으로 새로운 세상을 발견하게 해 준다는 메시지를 전달한 것이다. 이런 역사를 활용한 마케팅 전략은 당시 삼성전자의 스페인 시장점유율 20%까지 올리는 데 큰 몫을 담당했다.

훈련3: 철학으로 사유하라.

처칠은 철학에도 깊은 관심을 가졌다. 플라톤의 '국가', 아리스토텔레스의 '정치학', 애덤 스미스의 '국부론' 등을 즐겨 읽었다. 풍부한 독서가 처칠을 위대한 정치인이자 탁월한 리더로 만들었다. 그는 역사와 철학책을 읽으면서 세상과 대화하고 위대한 리더로 성장해 갔다. 철학은 인간의 사고 능력을 극대화할 뿐만 아니라, 논리적인 사고를 통해 현재와 미래에 관한 다양한 수를 도출해 내는 아주 좋은 방법이다. 철학은 대가들의 사고 과정과 문제의식에 빠르게 접근하도록 이끌어 주는 효과적인 도구다. 또한 철학(함)은 비판적 상상력을 끌어내고, 다양한 세계를 만들어 가는 도구이기도 하다.

어려운 철학적 내용을 쉽고 친근하게 접할 수 있도록 도와주는 책들이 많이 나왔다. 이런 책들을 읽으며 안목을 키우고, 토론을 통해 사고를 확장하고, 자기 생각을 표현하는 에세이를 써라. 창의력은 공상에서 오지 않는다. 창의력은 사고의 폭을 넓히는 것에서 시작된다.

체계적인 업무 처리 능력을 키워라

종합적/분석적 사고 능력만큼 중요한 것이 체계적인 업무처리 능력이다. 제대로 보고 제대로 생각할 뿐 아니라 제대로 손발을 움직일 수 있어야 한다. 일의 최종 결과는 손발을 어떻게 움직이느냐에 달려 있다. 이를 위해 미래준비학교에서는 다음과 같은 체계적인 업무 처리 훈련을 한다.

> **훈련 1: 일벌레가 되지 말고, 최소의 일로
> 최대의 효과를 얻을 방법을 먼저 생각하라.**

한마디로 업무를 줄이면서 생산성을 높이라는 뜻이다. 중세의 유명한 교부였던 윌리엄 오컴은 "더 적은 것으로 할 수 있는 것을 더 많은 것으로 하는 건 허영이다"라고 했다. 일을 덜 하는 것이 게으른 것이 아니라, 진짜 게으른 것은 의미 없는 일을 많이 하는 것이라는 뜻이다.

우리 주위에는 일의 양이 많아서 바쁘지 않으면 불안해 하는 이들이 있다. 그래서 종일 이리저리 뛰어다닌다. 그런 사람들은 생산성이 높지 않다. 제대로 일하는 사람들은 일의 양은 줄이면서 일의 결과를 극대화할 줄 안다. 그들은 의미 없는 일을 줄이고 중요한 일에 집중하기 때문이다. 중요하지 않은 일을 잘한다고 해서 그 일이 중요해지지 않는다. 시간을 많이 잡아먹는 일이 반드시 중요한 일도 아니다. 그래서 자기 일 중에서 중요한 일이 무엇인지를 구별하는 것이 매우 중요하다.

특히 다가오는 미래사회는 중요하고 부가가치가 큰 일에 집중해야 한다. 종일 일에 치여 사는 것은 아무것도 하지 않는 것만큼 큰 죄악일 수 있다. 자기만 힘든 것이 아니라 주위의 많은 사람에게도 직간접적으로 피해를 줄 수 있기 때문이다.

"중요한 일이 무엇인지 발견하지 못하면, 일을 시작하지 마라."
"가능하면 하루에 할 중요한 일은 한두 가지를 넘지 않도록 하라."

중요한 일을 판단한 다음에는 마감시간을 정해서 생산성을 높이도록 하자. 연구 결과에 의하면 주어진 일에 대해 시간을 더 준다고 해도 생산성은 크게 차이가 나지 않는다. 오히려 하나의 일에 필요 이상 많은 시간이 주어지면 집중력이 떨어지기 쉽다. 적절한 시간의 압박은 우리의 정신과 육체에 긴장감을 불어넣고 이 긴장감은 다시 잠재력을 이끌어내는 에너지로 작용한다. 마감시간을 정해 놓고 일하는 것이 중요한 일만을 하는 전략과 맞물릴 때 큰 시너지를 낼 수 있다.

> **훈련 2: 정보의 양을 줄이는 방법을 터득하라.**

정보가 폭발적으로 증가하는 시대일수록 오히려 '정보량'을 줄이는 것이 중요하다. 너무 많은 정보는 우리의 관심과 시간을 잡아먹는다. 종일 쏟아져 나오는 정보의 99%는 사실 우리가 하는 일이나 목표와는 상관이 없다. 정보가 아닌 쓰레기에 우리의 시간과 에너지를 빼앗기지 않으려면 정보를 필터링하는 기술이 절대적으로 필요하다. 관련 없는 쓰레기 같은 정보는 신속하게 제거하고 꼭 필요한 정보만을 수집할 수 있어야 한다.

정보를 필터링하려면 우선 정보에 대한 태도가 좋아야 한다. 어떤 정보가 중요한 정보일까? 사람들이 많이 보는 정보일까? 아니면 지금 미디어를 통해 등장한 최신 정보일까?

정보는 묘한 이중성이 있다. 모두 중요한 정보일 수도 있고, 모두 쓸모없는 정보일 수도 있다. 그래서 나의 기준이 분명해야 한다. 무엇보다 지금 하는 일이나 목표와 직접 관련된 정보여야 좋은 정보다. 산삼도 잘못 쓰면 독이 되고, 개똥도 잘 쓰면 약이 된다고 했다. 아무리 중요한 정보라고 해도 지금 하는 일이나 목표 그리고 상황에 맞지 않는 정보는 이 순간만큼은 중요한 정보가 아니다. 이렇게 보면 절대적으로 좋은 정보는 존재하지 않을지도 모른다. 자신이 하는 일과 세운 목표 그리고 상황을 먼저 인식하고 그것에 필요한 정보인지 판단한 후에 선택해야 한다.

훈련 3: 절대 혼자 일하지 말고, 다른 사람들과 함께 일하라.

미래사회에서 성공하려면 산업시대에 형성된 제로섬 게임의 환경에서 벗어나야 한다. 동료뿐 아니라 경쟁자 그리고 소비자를 모두 묶어내는 유기적 협력 구조를 통해 윈-윈Win-Win할 수 있는 새로운 생태계에 익숙해져야 한다. 미래사회의 인재가 되려면 끊임없이 신지식을 창출하고 새로운 비즈니스를 만들어내는 실리콘밸리의 성공 DNA에 주목할 필요가 있다. 사믹사SAMIXA의 회장인 디팩 방갈로르는 "'실리콘 밸리의 핵심은 사회적 네트워크다. 서로가 무엇을 생각하고 연구하는지 다 알고 있다. 지식 공유와 스피드, 글로벌화는 기업 생존의 필수 요소다"[27]라고 말했다. 실리콘밸리의 기업인은 사회적 네트워크를 통해 서로 경쟁할 뿐 아니라, 각자 확보한 지식을 토대로 협력하여 새로운 지식을 창조해냄으로써 신제품과 서비스를 만들어낸다.

엄청난 속도로 세상이 변화하고 있다. 우리도 실리콘밸리의 성공 요소를 가능한 모든 영역에 적용해야 한다. 내가 하는 것보다 다른 사람이 하면 더 잘할 수 있는 일들, 나도 잘할 수 있지만 다른 사람에게 맡기면 더 효율적인 일들, 비생산적이지만 꼭 해야 할 업무들은 과감하게 아웃소싱 해야 한다. 아웃소싱은 다른 사람들이 나를 위해 일하게 하는 최고의 전략이다.

기업을 경영하는 최고경영자가 아닌 개인에게도 아웃소싱은 꼭 필요하다. 개인을 괴롭히는 80%의 비생산적 일들에서 벗어나는 비법이 바로 아웃소싱이다. 시간의 늪에서 벗어나야 자신의 꿈과 목표를 위해 진짜 중요한 일에 집중할 수 있다. 다른 사람들의 역량을 활용하는 것에 머뭇거리지 마라. '두레'와 '품앗이'란 우리의 아름다운 전통을 생각해보라. 혼자 모든 것을 해야만 한다는 20세기식 사고에서 벗어나야 한다.

자신이 잘할 수 있는 일에 집중하라. 자신이 스스로 해야 하는 일에 집중하라. 남의 도움을 받는 대신 나도 다른 사람들을 창조적으로 도울 수 있는 일에 집중하라.

Art, 예술의 경지에 오른
장인의 지식과 기술

필요한 정보와 지식을 쉽게 내려받을 수 있는 환경에서는 장인 수준의 '숙련된 지식'을 소유하고 있어야 한다. 앞으로 다가오는 20년은 정보화가 더욱더 가속화하는 시대다. 이런 고도의 지식사회에서 지식은 성공과 부를 만들어내는 원천이다. 달리 말하면, 성공과 부를 만들어낼 수 있는 지식을 보유하지 못하면 기업이든 개인이든 심각한 어려움에 직면할 수밖에 없다.

앨빈 토플러는 "육체노동은 본질적으로 대체 가능한 노동이다. 그러므로 저숙련 노동자는 사직하거나 해고해도 즉시 그리고 비용을 별로 들이지 않고 대체할 수 있다"고 지적했다. 여기서 한 걸음 더 나아가 미래사회는 숙련된 지식근로자만 살아남는 시대가 된다. 자기가 가장 자신 있는 분야의 지식을 장인의 수준으로 높이는 사람만 생존을 보장받을 수 있다. 기업은 이런 능력을 갖춘 사람을 스카우트하기 위해 노력할 것이다.

숙련된 지식에는 2가지가 있다. 첫째는 학문적 전문성에 기반을 둔 지식이다. 또 다른 숙련된 지식은 주제적 전문성의 지식이다. 분야나 주제는 무엇이든 상관없다. 컴퓨터 게임, 요리, 실내장식 소품 만들기, 청소 그 무엇이든 상관없다. 미래사회는 학문적 지식뿐 아니라, 여러 영역의 다양한 지식도 장인의 수준에 올라서면 성공과 부를 만들어 낼 것이다. 미래사회는 숙련된 지식을 기반으로 현실 공간과 가상공간을 자유롭게 넘나들며 새로운 소득을 창출하는 '노동 유목민'이 활동하는 시대가 될 것이다. 자신만의 독특한 장인의 지식을 소유하면 다른 영역의 다양한 사람들과 이전 세대에서는 경험할 수 없었던 공동의 프로젝트를 수행하면서 새로운 성공과 부를 창조할 수 있다.

이를 위해서 우리가 해야 할 일은 무엇일까? 우선 자신이 가장 좋아하는 것이 무엇인지를 파악해야 한다. 그리고 바로 지금부터 그 분야와 관련된 독서와 토론을 시작하자. 서두르지 않고 길게 보고 나아가되, 매 순간 즐기면서 온 힘을 기울여야 한다. 다음은 장인의 지식을 쌓아가는 데 필요한 몇 가지 현실적인 훈련 방법과 전략이다.

- 관심 분야의 전문가를 만나서 전문가가 되는 빠른 길에 대한 조언을 들어라.
- 관심 분야와 관련된 잘 알려진 2~3곳의 단체에 가입하고 정기적으로 학회, 세미나, 정기모임 등에 참석하라.
- 관심 분야의 베스트셀러 3~4권을 읽고 각각에 대해 한 페이지로 요약하라.
- 관심 분야의 내용을 직간접적으로 다룬 방송 자료들을 케이블 TV나 IPTV, 인터넷 방송들에서 찾아서 보고 각각에 대해 한 페이지로 요약하라.
- 당신 주위에 있는 사람들을 대상으로 하던지, 인터넷 카페 등에 광고를 내던지, 관공서나 주민 센터에 포스터 광고를 해서 1~3시간짜리 무료 세미나를 열어라. 강의할 수 있는 장소는 모임형 카페를 통해서도 얼마든지 저렴한 가격에 구할 수 있다.
- 당신의 주제와 관련된 업계의 전문지나 인터넷 신문사들 한두 곳에 글을 기고하겠다고 제안해 보라. 당신의 전문성이나 경력을 의심하면 잘 알려진 전문가를 인터뷰하여 기사를 쓰겠다고 하라. 한 번만 하고 나면 당신의 이력에 기고가라는 타이틀이 붙게 된다.
- (위의 방법이 단기적으로 전문 분야로 진입하는 기술이라면) 이후로 1만 시간을 투자하여 진정한 전문가로 거듭나라. (어느 분야든 세

계적인 전문가가 되는 데 필요한 시간이 대략 1만 시간이다)

예술적 상상력

지금도 새로움을 만들어 내는 능력은 큰 능력으로 인정받고 있다. 하지만 미래에는 끊임없이 새로움을 만들어 내는 능력이 다른 어떤 것보다 더 큰 능력으로 인정받을 것이다. 탁월함보다 새로움을 창조하는 능력이 더 중요해질 것이다.

그런데 새로움을 만들어 내는 능력의 중심에는 예술적 상상력이 있다. 단순하고 막연한 상상이 아니라 제대로 된 상상력만이 새로움을 만들어 낸다. 장 폴 사르트르는 인간의 인식 능력을 지각, 상상, 사유 세 가지로 나누었다. 이때 지각의 대상은 사물이고, 상상의 대상은 이미지이며, 사유의 대상은 개념이다. 예술적 상상력은 이미지와 관련되어 있다.

사물에 관한 지각 능력이 타인보다 떨어진다면 미래의 경쟁에서 절대 승리할 수 없다. 그런데 일정한 수준에 이른 사람들 사이의 경쟁이라면 지각 능력에서 큰 격차를 보이는 것은 불가능하다. 특히 사람의 지각 능력보다 몇천, 몇만 배 이상의 지각 능력을 보이는 기기와 기계를 누구나 일상적으로 사용하게 될 미래 환경에서는 그 격차가 더 줄어들 것이다.

미래사회에서는 사유 능력이 떨어지면 동료 인간은 물론 컴퓨터

와의 경쟁에서도 이길 수 없다. 사람이 아무리 뛰어난 연산 능력을 갖추고 있다고 해도 컴퓨터의 속도와 정확성을 이기기는 힘들다. 단순한 연산 능력이나 지각 능력의 탁월함만 가지고는 더욱더 살벌해지는 정글에서 승리는커녕 생존조차 장담할 수 없다.

'사회가 무엇인지', '가치가 무엇인지', '사람이 무엇인지', '사랑이 무엇인지' 등과 같이 과거와 현재 그리고 미래를 만들어가는 중요한 개념에 관한 사유 능력은 미래에도 매우 중요하다. 그런데 사유 능력은 옳고 그름의 기준과 나아갈 방향을 제시하기는 하지만 새로움의 실체나 에너지를 만들어 내지는 못한다.

새로움을 만들어 내는 것은 상상(력)의 몫이다. 지난 역사를 보면 언제나 새로움은 상상력 넘치는 이들의 무모한 도전의 결과물이었다. 할 수 없는 일, 해서는 안 되는 일이라며 모두가 외면하거나 비웃을 때, 그 일에 목숨을 걸고 도전한 이들이 만들어 낸 것이 바로 새로움이었다. 지금과 다른 내일을 상상했기에 만들어 낸 결과였다.

상상은 근본적으로 위반이다. 위반과 짝을 이루는 것은 금기다. 따라서 상상은 금기에 대한 위반이다. 금기는 상상을 억제하기도 하고 자극하기도 한다. 우리는 금기를 '멈춤STOP'이나 '유턴' 표지로 받아들일 수도 있고, '비전'이자 '도전과제'로 받아들일 수도 있다.

사회에는 늘 안정을 추구하는 힘이 존재한다. 꼭 필요한 힘으로서 질서, 균형, 전통, 제도 등의 단어로 우리 옆에 있다. 이는 무너지거나 무시되어서는 안 될 중요한 힘이다. 하지만 안정을 추구하는 힘이 너무 일방적으로 강하면 새로움을 만들어 내는 힘이 위축된다. 예술적 상상력은 주어진 것을 부정하고, 전혀 새로운 것을 적극적으로 받아들이고 찾아 나서는 방향으로 작동하기 때문이다.

백남준이 없었다면, 스티브 잡스가 없었다면, 파블로 피카소가 없었다면, 볼프강 아마데우스 모차르트가 없었다면, 폴 고갱이 없었다면 그리고 당신이 없었다면 지금의 세상과 다가올 미래는 너무 따분한 세상일지도 모른다. 예술적 상상력을 타고나지 않은 사람은 아무도 없다. 인간은 상상을 통해 새로운 지식과 기술을 만들어 내고, 새로운 법과 제도와 기구를 만들어 낸다. 지금 우리가 사는 사회는 과거 어떤 사람의 상상의 결과물일지도 모른다. 그리고 미래는 지금 누군가의 머릿속에서 시작된 상상력이 실현된 결과물일 수도 있다.

Relationship,
집단지성을 만드는 대인관계 능력

"나 혼자의 노력 100%를 기울이기보다 100사람의 노력 1%씩을 모으는 쪽을 선택하겠다(존 폴 게티의 말)." 미래에는 이 말의 가치가 점점 더 중요해진다. 지식이 중요해진 환경에서 거대 기업들은 이미 엄청난 자본을 투입해 사내에 거대 집단지성을 구성했다.

개인에게도 끊임없는 지식 생산 능력은 생존의 필수 조건이다. 그러나 개인이 혼자 끊임없이 지식을 생산하는 것은 그 범위와 속도에서 절대적인 한계가 있다. 네트워크를 활용하지 않고 홀로 끊임없이 지식을 생산하는 것은 불가능하다. 따라서 온라인과 오프라인의 집단지성을 활용한 지식경영 능력은 미래인재의 핵심 역량이다.

개인이 집단지성을 만드는 효과적인 방법은 인터넷 커뮤니티를 활용하는 것이다. (인터넷을 활용한 집단지성은 대중의 지혜를 빌리는 지식경영이라고 표현할 수도 있다) 지식경영은 조직 구성원의 지식이나 노하우를 체계적으로 발굴하고 공유해서 조직 전체의 의사결정 능력을 향상하는 경영 기법이다. 따라서 네트워크를 통해 지식을 생산하는 것뿐만 아니라, 지식을 체계적으로 경영하는 것도 지식경영의 핵심 능력 중 하나이다.

미래사회는 네트워크가 중요하다. 하지만 좋은 네트워크는 기계나 컴퓨터가 만들어 주지 않는다. 좋은 네트워크는 탁월한 감성 디자인 능력과 커뮤니케이션 능력을 갖춘 사람에 의해 만들어진다.

집단지성의 힘

유명한 심리학 연구 중에 '항아리 속 젤리 Jelly Beans in the Jar'라는 실험이 있다. 젤리가 가득 담긴 유리 항아리를 여러 사람에게 보여주고, 항아리에 들어 있는 젤리의 개수를 맞춰보게 하는 것이다. 실험에서는 항아리에 2,845개의 젤리가 들어 있었다. 사람들은 각자 나름의 방식으로 젤리의 수를 추측했지만 정확한 답을 맞히지는 못했다. 그런데 틀린 답이지만 전체 참가자들이 제시한 답의 평균을 구해 봤더니 놀랍게도 정확히 정답과 일치했다.

여기서 감성 디자인 능력이란 사람들(고객들)이 (자신 안에 존재하지만) 미처 스스로 발견하지 못한 행복의 느낌들을 새롭게 디자인하거나 향상해 전달하는 능력과 이를 지속가능하도록 관리해주는 능력을 의미한다. 그중에서도 미래에는 특히 스토리를 활용한 감성 커뮤니케이션 기술이 가장 강력한 효과를 발휘할 것이다. 소리 스토리, 영상 스토리, 음악 스토리, 텍스트 스토리 중 하나를 사용하거나 이 중 몇 가지를 혼합해 사용하는 감성 커뮤니케이션이 중요해질 것이다.

그리고 최고의 네트워크를 만들려면 무엇보다 '좋은 인성'을 갖추어야 한다. 지식사회에서는 지식과 네트워크만 있으면 부자가 될 수 있지만, 반대로 그 지식과 네트워크 때문에 망할 수도 있다. 내가 가진 지식보다 더 나은 지식이 다른 사람에 의해서 생산되거나 혹은 내 지식을 누군가가 빼돌려서 다른 사람에게 팔아버리면 끝장이 난다. 네트워크를 만들기는 쉽지만, 네트워크에서 낙인찍히면 무너지는 것은 한순간이다. 나를 배신하는 일도 나의 네트워크 안에서 얼마든지 일어날 수 있다.

이런 위험성은 누구에게나 존재하기 때문에 전략을 수립할 때 반드시 고려해야 한다. 내 지식이 곧 누군가에 의해 복제되어 더 나은 지식으로 진화해서 나를 위협할 수도 있고, 내 지식이 세상에 발표되기도 전에 누군가에게 도둑맞을 수도 있다는 것을 고려해야 한다. 그래서 한두 가지의 지식만을 가지려 애쓰기보다는 그런 지식을 계속해서 생산해 낼 수 있는 능력을 갖추는 것이 중요하다. 내 지식이 복제되면 그것을 넘어서는 또 다른 지식을 계속해서 만들어 낼 수 있기 때문이다.

   이런 위험을 막는 또 하나의 방법이 있다. 바로 인성이 좋은 사람들과 거래하고 네트워크를 만드는 것이다. 앞으로는 지금보다 훨씬 더 심각하게 산업 기밀이나 창조적 아이디어가 순식간에 불법으로 유통되는 일이 많아질 것이다. 그것도 네트워크 안에 있는 구성원 중 한 사람의 배신을 통해 이루어질 것이다. 미래사회는 지식이야 얼마든지 구할 수 있기 때문에 지식보다는 그 지식의 가공과 유통을 담당하는 사람의 인성이 더욱 중요한 가치로 자리잡을 것이다. 그래서 기업들도 똑똑한 인재보다는 인성이 좋은 인재를 선호할 것이다.

Technology,
최신 기술을 활용하는 기술지능

　　　　　　　　　　　미래인재에게 요청될 마지막 능력은 기술 활용 능력이다. 새로운 기술이 우리 생활 영역으로 들어오면서 기술 활용 능력은 실행력을 높이는 요소로 점점 중요해지고 있다. 앞으로는 미래 기술이 점점 더 인간 고유의 두뇌와 육체 역량을 대신하게 된다. 미래 기술을 활용할 줄 알아야 능력을 높일 수 있는 이유다.

　기술을 활용하지 않고 순수하게 땀 흘려 일하는 모습은 아름답다. 하지만 땀 흘려 일하는 것이 반드시 좋은 결과를 만들어내지는 않는다. 노력 없이 좋은 결과를 얻을 수는 없지만, 노력만으로는 좋은 결과를 만들어낼 수 없다. 맡은 일을 스마트하게 실행해야 한다.

미래에는 주변에 존재하는 기술을 최대한 활용해 일해야 스마트한 실행이 가능해진다. 일에서 이런저런 도움 없이 자신의 힘으로만 결과를 만들어낸 것을 자랑스럽게 생각하지 마라. 기술을 활용할 줄도 모르고 도움받을만한 네트워크도 없다는 의미이기 때문에 오히려 부끄럽게 느껴야 한다.

미래에는 활용할 수 있는 기술이 지금보다 훨씬 많아질 것이다. 앞으로 10~20년 동안, 성능에서 지금의 기술을 몇 배 능가하는 엄청난 수준의 기술들이 개발되어 나올 것이다. 그런데도 기술을 활용할 능력이 없어 오로지 땀 흘려 일하는 것 외에는 달리 방법이 없다면 그런 사람에게 누가 일을 맡길까? 새로운 기술을 사용하는 방법을 훈련해야 한다. 특히 새로운 정보통신 기술을 활용하는 능력이 중요하다. 인터넷과 같은 정보통신 기술을 적극적으로 활용하지 않았다면 지금 우리 사회가 어떤 모습이었을지 생각해 보라.

새로운 기술을 배우는 것이 마냥 즐거운 일은 아니다. 익숙한 도구가 손에 맞고 편하다. 그러나 익숙한 것에만 머물러 있어서는 앞으로 나아갈 수 없다. 21세기 기업이 20세기 방식에 머물러 있는 사람을 채용할까? 그런 일은 절대 일어나지 않을 것이다. 새로운 기술이 중심을 이루는 환경에서는 그 핵심 기술을 자유롭게 활용하는 능력이 경쟁력이 된다.

그렇다면 새로운 기술을 자신의 경쟁력으로 만들려면 어떻게 해야 할까? 다음의 세 가지를 항상 기억하고 실천해야 한다. 우선 새로운 기술에 관한 관심도를 높여야 한다. 대개 이미 익숙하게 활용하고 있는 도구가 있으면 새로운 도구에 관한 관심이 적다. 오히려 저항하는 경우도 있다. 이런 태도를 가진 사람은 사용하던 도구에 문제가 발생하거나 사용하던 도구로는 도저히 해결할 수 없는 상황에 직면해야 비로소 새로운 도구에 관심을 두게 된다. 결국, 새로운 도구가 세상에 등장해서 시간이 한참 흐른 뒤, 즉 기술이 이미 새로움을 잃은 시기가 되어서야 그 도구를 만나게 된다. 그 순간 당사자에게는 새롭고 획기적인 도구겠지만, 사회적으로는 이미 경쟁력 있는 도구가 되지 못한다. 자신이 맡은 일에서 항상 최고의 결과를 만들어내고 싶다면, 자신이 맡을 일과 관련된 새로운 기술이 등장하는 것에 관해 늘 관심을 두고 모니터링해야 한다.

둘째, 새로운 기술에 관한 직간접적인 경험을 계속 쌓아야 한다. 지식은 머릿속에 채우고, 기술은 근육과 뼈에 새겨야 한다. 새로운 기술에 관한 정보를 읽었다고 해서 그 기술을 활용할 능력을 갖추게 되는 것이 아니다. 수영에 관한 책을 여러 권 읽고 최고 수영 선수의 최신 영법을 TV로 수백 번 보았다고 해서 물속에 들어가는 즉시 몸이 저절로 움직여 멋지게 수영할 수는 없다. 이미 익힌 기술과 비슷한 기술이든 전혀 낯선 기술이든 내가 맡은 일과 관련된 기술이라면 몸으로 익혀두는 것이 중요하다. 처음에는 이미 그 기술에 익숙한 사람들이 그 기술을 어떻게 활용하는지를 지켜보고 그들을 모방하는 것도 좋은 방법이다. 새로운 기술의 새로운 기능을 최대로 활용하려면 그에 맞는 사고방식, 새로운 행동방식이 필요하다. 기존의 틀에 갇혀서는 새로운 기능을 제대로 활용하기 어렵다. 예를 들어 젊은이와 노년층의 스마트폰 활용 방법과 범위를 비교해보면 쉽게 알 수 있다. 그래서 내가 아닌 타인이, 특히 그 기술에 능숙한 다른 사람이 어떻게 활용하는지를 지켜보고, 그들의 방식을 모방하는 것은 낯선 기술을 익히는 좋은 방법이다.

셋째, 자신에게 필요한 특정 기술에 관한 숙련도를 높여라. 자기의 일과 관련된 모든 새로운 기술을 익히는 것은 불가능하다. 아무리 뛰어난 투수라 해도 모든 구종을 던지지는 못한다. 또한 가장 다양한 구종을 던질 줄 안다고 해서 최고의 투수가 되는 것도 아니다. 확실한 몇 가지 구종을 가장 탁월하게 던질 수 있어야 정상급 투수가 될 수 있다. 마찬가지로 새로운 기술을 습득해 때와 장소에 맞게 능숙하게 활용할 수 있어야 미래인재가 될 수 있다. 그러려면 활용할 수 있는 기술을 갈고닦아 숙련도를 크게 높여야 한다.

새로운 기술에 관한 관심도, 새로운 기술에 관한 직간접적인 경험, 특정 기술에 관한 숙련도의 3가지 미래인재의 조건을 한마디로 정리하면 다음과 같다.

기술지능 Technology Intelligence 을 끊임없이 계발하라!

　기술지능은 주목할 기술을 도출하고 자신의 목적에 따라 선별하여 획득하는 능력이다. '지능 Intelligence'은 '정보 Information'와는 확연히 구분되는 개념이다. 정보가 언론매체나 그 외 기관들에서 발표하고 확산하는 사실을 수집하는 것이라면 지능은 수집된 정보를 분석, 평가하여 활용도를 높이는 것까지 포함하는 개념이다. "기술지능이란 새로운 기술에 대한 정보를 수집 및 전달하여 조직의 의사결정 과정을 지원하는 것"이라는 영국 케임브리지 대학교 기술경영연구센터의 모타라 교수의 정의는 이를 잘 함축하고 있다.

비전 훈련은 언제까지 해야 하나?

"비전 훈련을 평가하는 기준은 무엇일까?" "비전 훈련의 최종 결과물은 무엇일까?" 바로 기술의 향상과 습관의 형성이다. 훈련의 종류에 따라 기술 향상을 목표로 하는 훈련도 있고, 습관 형성을 목표로 하는 훈련도 있다.

미래준비학교에서는 실시하는 비전 훈련을 8대 영역으로 분류하여 실시한다.

- 균형 잡힌 영성
- 건강한 사고
- 좋은 언어

- 좋은 관계
- 효과적 학습
- 효율적 실행
- 지혜로운 재정 전략
- 건강한 신체

8대 영역은 완전히 새로운 것이 아니라 일상에서 접하는 것들이다. 이 중 몇 가지는 독자들도 이미 중요하다고 생각하고 있을 것이다. 훈련을 받기도 했을 것이다. 그러나 이런 것들을 종합적으로 체계적이고 균형 있게 훈련하는 것이 중요하다.

또한 비전을 완수하는 그 날까지 훈련이 계속해서 반복되어야 한다. 훈련은 끝이 없다. 비전을 완수할 때가 곧 훈련이 끝나는 날이다. 프로 스포츠 선수가 훈련을 언제 끝내는가? 은퇴할 때다. 마찬가지로 비전가의 훈련 역시 비전을 완수할 때까지 계속해야 한다. "평생 훈련만 하면 비전을 완수하기 위한 실전은 언제 하나?" 답답한 생각에 이렇게 물을 사람이 있을지 모르겠다. 이런 의문이 들 때마다 에이브러햄 링컨의 말을 깊게 생각하며 자신을 돌아보기를 권한다.

> **나무를 베는 데 8시간이 주어진다면
> 나는 도끼를 가는 데 6시간을 쓸 것이다!**

"이렇게 열심히 도끼를 휘두르는데 왜 나무가 넘어가지 않을까?" 하는 고민과 원망의 마음이 든다면 먼저 손에 들고 있는 도끼의 날이 이미 닳아서 뭉툭해진 것은 아닌지 되돌아보라. "훈련을 실전처럼, 실전은 훈련처럼"이라는 스포츠 세계의 격언도 같은 맥락의 말이다. 스포츠 선수에게 경기는 훈련의 연장일 뿐이다. 훈련한 것을 평가받는 것이 시합이다. 그리고 시합을 통해 확인한 부족한 것을 다시 훈련한다. 선수 생애 전체에 걸쳐 시합보다 훈련으로 땀 흘리는 시간이 훨씬 길다. 어떻게 보면 훈련을 하는 중간중간에 시합이 있을 뿐이다. 비전가의 삶도 마찬가지다. 훈련 자체가 비전을 위한 실행이다. 훈련 가운데 비전 실행이 중간중간에 있을 뿐이다. 훈련이 쌓일수록 작은 과제부터 시작하여 점점 큰 과제를 향해 나아갈 기회가 주어진다. 그런 과정을 통해 훈련과 경험이 쌓여 마침내 위대한 비전을 감당할 수 있는 사람이 되는 것이다.

훈련이 곧
비전 성장과 성취의 과정이다

　　　　　　　　훈련의 힘과 과정을 믿어라. 훈련이 곧 비전 성장과 성취의 과정이다. 혹독한 훈련을 겪은 사람은 인생을 새롭게 보는 눈을 얻는다. 세상을 다른 시각으로 보는 눈을 갖게 된다. 훈련은 성공과 실수의 반복이다. 성공보다도 실수가 더 잦다. 실수를 통해서 배우고, 그렇게 배웠기 때문에 비로소 성공한다. 수많은 실수의 과정을 통해 자기의 부족함을 배우면 위기를 대하는 태도가 바뀐다. J. 패트릭은 이렇게 말했다.

　"고통은 인간을 생각하게 만들고
　생각은 인간을 지혜롭게 만들고

지혜는 인생을 견딜 만한 것으로 만든다."

필자는 인생에서 배워야 할 49%는 성공의 경험에서 배우고, 나머지 51%는 실패의 경험, 바람직한 어려움에서 배운다고 믿는다. 바람직한 어려움이란 훈련을 의미한다. 성공이냐 실패냐가 중요한 것이 아니다. 중요한 것은 매 순간 배우려는 자세다. 성공 경험이든 실패 경험이든 당신에게 더 나은 미래를 만들 수 있는 지혜를 준다. "한 가지 일을 경험하지 않으면 한 가지 지혜가 생겨나지 않는다"는 명심보감의 말을 새겨보자.

철저한 훈련을 거치면 먹고사는 문제에 대한 두려움이 없어지고 세상의 일에 대해서 의연해질 수 있다. 어려운 현실이 다가와도 당당하게 헤쳐나갈 수 있다는 자기 확신을 가지고 맞설 수 있다. 무엇을 선택해야 옳은지 분별할 수 있고, 장차 진정한 승리를 얻을 길이 어디에 있는지를 알 수 있다. 미래를 볼 수 있는 점쟁이가 되어서 그런 것이 아니다. 훈련을 통해 무엇을 선택하는 것이 옳은지를 알게 되었고, 반복된 훈련을 통해 자기 안에 상황에 대처하는 데 필요한 많은 것이 이미 준비되어 있다는 것을 확신하게 되었기 때문이다.

훈련을 통해 우리가 한 단계 더 성숙하면 나를 벗어나 가족과 고통받는 이웃에 대한 책임까지 감당하는 리더가 될 수 있다. 상대방이 겪는 어려움에 대해 배려할 줄 아는 사람이 되고, 욕망보다는 비전을 선택할 줄 아는 넉넉한 마음도 갖게 된다. 시대를 분별하고 나와 가족과 이웃이 함께 기뻐하는 가치를 아는 수준에 이르게 된다. 인생을 다시 보는 눈, 세상을 다르게 보는 눈, 진정한 가치가 무엇인지 깨닫는 눈, 비전을 통해 더 나은 미래를 볼 수 있는 눈, 거짓 행복보다는 진정한 가치를 택할 수 있는 눈을 갖게 된다. 이 모든 것이 비전 훈련이 가져다주는 열매다.

미래준비학교 워크숍 프로그램 사례

필자가 진행하는 미래준비학교 워크숍 프로그램 및 일정을 소개한다. 비전 훈련을 위한 참고용 자료로 활용할 수 있을 것이다.

CYS 비전 코칭 워크샵 단계

워크샵 1단계	주제	세부내용	비고	시간 (총 12H)
비전 스케치 워크샵 (비전 터다지기)	CYS비전코칭 1단계 소개	개요	강의	1h
	자존감		자존감 코칭	1h
	영성, 세상, 나 알기		강의	2h
	비전자극	미래지도 이해	강의	4h
	CYS 비전역량검사	비전역량 프로파일	비전코드해석 코칭	2h
	비전 스케치	비전 스케치 워크샵	워크샵	2h
	참고도서	개인과제	미래준비학교, 기회의 대이동	

워크샵 2단계	주제	세부내용	비고	시간 (총 14H)
비전 디자인 워크샵	CYS비전코칭 2단계 소개	개요	강의	1h
	자존감 향상		자존감 향상 코칭	1h
	영성, 세상, 나 심층 이해		강의	2h
	비전자극	미래시나리오를 이해	강의	4h
	CYS 비전역량검사	비전역량 프로파일	비전코드 발전상황 평가 및 해석 코칭	2h
	비전 디자인	비전 디자인 워크샵	워크샵(진로지도 코칭 포함)	4h
	참고도서	개인과제	2030 대담한 미래 1,2, 대단한 도전, 위대한 산업	

심화 워크샵	주제	세부내용	비고	시간
비전 여행	비전자극	국내외 비전탐방 여행	연 1회 권장	6~12일
비전구상	비전통찰	장기, 단기 미래구상	연 1회 권장	4~6일
비전코치양성	비전코칭	CYS비전코치 양성	3단계 프로그램 (비전코치, 시니어코치, 마스터코치)	각 2일씩

워크샵 3단계	주제	세부내용	비고	시간 (총 40H)
비전 훈련 워크샵	CYS비전코칭 2단계 소개	개요	강의	1h
	CYS비전 재인식	가치	가치 향상 토론	6h
	CYS비전훈련 심층 이해		강의	2h
	비전자극	미래시나리오들의 이해	강의	4h
	CYS비전 역량검사	비전역량 프로파일	비전코드 발전상황 평가 및 해석 코칭	2h
	비전 훈련	비전 훈련 워크샵	워크샵 (미래인재조건훈련, 기본훈련)	24h
	비전 전략	비전 전략	비전 전략 코칭	1h
	참고도서	개인 과제	미래학자의 통찰법, 생각이 미래다	

미래준비학교 커리큘럼(1년용 실례)

- 1단계 (5주) 비전 중요성 이해
    - 비전 정의, Plausible, Possible, Unexpected Future, CYS 비전 역량 검사, 자존감 중요성 인식
    - 비전선언문 초안 작성 (비전선언문 탬플릿 사용)
    - 교재: 미래준비학교

- 2-1단계 (8주) 비전 스케치: CYS 비전 역량 검사
    - 비전 역량 검사 심층 이해, 미래 이슈들 심층 이해(추가적인 독서와 토론), 부의 정석 학습
    - 비전 역량 프로파일 이해, 기본비전 영역 설정 Biz Items, 비전선언문 완성
    - 교재: 기회의 대이동, 부의 정석

- 2-2단계 (12주) 미래 자극, 기본 사업 영역 선정
    - Futures Wheel과 상황 변화 연구를 통한 미래의 이슈들(문제·욕구·결핍) 예측
    - 교재: 2030 대담한 미래 1, 2 2030 대담한 도전, 2030 위대한 산업, 기타 미래예측 도서들

- 3-1단계 (5주) 비전 디자인

    - 비전 디자인(기본 비전, 또 다른 비전들 수립, 비전 가치 설정, 비전 공통 전략-비전 디자인 템플릿 사용)

    - 개인 미래지도_{Futures Timeline Map} 완성 (미래 이슈 정리 템플릿 사용 후, Futures Timeline Map 위에 5~10년 단위로 미래 이슈들을 정리)

- 3-2단계 (12주) 비전 심층 탐구 : 창업 시뮬레이션

    - 사업 영역 심층 선택 및 디자인 : 3년 이내, 5년 후, 10년 후, 15년 이상의 미래를 예측하면서 지식사업, 제조업, 생활밀착형 서비스업, 무역유통업, 온라인창업 가능성 타진하기

    - 미래 경제와 시장 예측, 전략 검토

    - 어떤 형태의 회사를 만들 것인가? – 법무자문

    - 자산, 자본 진단 및 재설계·세무, 자산설계 자문

    - 회계, 세무 플랜 및 훈련·세무 자문

    - 경영 훈련·갈등 해결 훈련

    - 마케팅 훈련·온라인 마케팅 훈련

    - Futures CES 훈련

    - 기존 유사 성공 사례 분석

- 교재: 비판적 사고

- 4단계 (8주) 비전 훈련 : 미래인재 조건 훈련
    - SMART Habit, 미래인재의 조건들 훈련 : 좋은 언어 습관, 좋은 관계 습관(리더십, 책임, 커뮤니케이션 훈련), 건강한 사고 습관(통찰력, 창의적 문제 해결 능력 훈련), 균형적 영성 습관, 효과적 학습 습관, 효율적 실행 습관, 지혜로운 재정 습관
    - 교재: 생각이 미래다, 미래학자의 통찰법

- 5단계 (2주) – 비전 네트워킹, 비전 재생산
    - 비전 가치 토론 및 비전 코치 양성 프로세스
    Extended 단계·사업 예측, 투자 훈련, 비전 코치 훈련 실습

비전 재생산,
비전에 몰입한 사람의 최고 경지

　　미래준비학교의 마지막 단계는 '비전 재생산'이다. 스승이 제자를 낳듯이, 비전도 비전을 재생산한다. 비전에 완전히 몰입한 사람은 비전과 한몸인 상태에 도달한다. 그래서 그가 하는 모든 생각과 행동, 걸음걸음이 모두 비전을 성취하는 것이 된다. 집 안이든 밖이든 상관없이 내가 가는 곳이 비전의 장소요, 내가 만나는 사람들이 비전의 대상이요, 내가 하는 일들이 비전을 성취하는 일이 된다.

　이런 수준의 훈련에 도달하면, 그 어떤 사람들도 비전 재생산의 대상이 될 수 있다. 비전의 재생산이란 내가 만나는 사람들을 비전가로 세우는 것이다. 내가 가치를 좇아 사는 사람이 된 것처럼 다른 사람들도 자신을 행복하게 하는 가치를 좇아 살도록 돕는 것, 내가 비전을 찾은 대로 다른 사람들이 비전을 찾을 수 있도록 돕는 것이 비전 재생산이다. 비전 재생산 역시 비전가의 삶을 살기 시작하면 자연스럽게 나타나는 열매다.

비전 재생산의 단계에 들어가면 비전가 네트워크가 만들어진다. 내 비전을 다른 사람들과 나누고 확장하고 연결하여 비전의 지경을 넓힐 수 있게 되는 것이다. 미래준비학교에서 필자가 자주 강조하는 말이 있다.

> **혼자서 이룰 수 있는 꿈은 절대로 큰 꿈이 아니다!**

위대한 비전, 가치 있는 비전은 혼자 이룰 수 있는 것이 아니다. 그러니 혼자만 품고 있으면 안 된다. 내가 만나는 모든 사람과 합력하여 이루어야 한다. 이런 노력과 열정은 또 다른 비전의 기회를 만든다. 예전에는 발견하지 못했던 비전의 새로운 지경을 연다. '하늘은 스스로 돕는 자를 돕는다'는 속담이 있다. 비전을 세우고, 비전을 서로 나누고 협력하며, 그 안에서 각자 자신에게 주어진 일을 이루기 위해 최선을 다해 노력하면 비전이 계속 커지는 비전의 성장을 맛볼 수 있다. 그 가운데서 시대가 가져다주는 새로운 기회를 계속 만나게 된다. 새로운 사람을 만나게 된다. 훌륭한 비전은 추종자를 불러 모으는 기초가 되기 때문이다. 살아 있는 비전은 시간이 흐를수록 더 크고, 더 분명하고, 더 정확하고, 더 구체적으로 되기 때문에 주위 사람을 감동시키고, 사람들을 서로 연결하게 한다. 사람들이 함께 참여할수록 새로운 기회가 만들어진다. 이렇게 만들어진 새로운 기회를 손에 붙잡고 계속해서 열심히 노력하고 훈련하면서 나아가면 또 다른 비전의 새로운 지경을 만나게 된다. 비전이 자라고 확장되고 재생산되는 선순환을 경험하게 되는 것이다. 마침내 미래의 어느 날 자신과 자신의 비전 공동체가 이루어 놓은 위대한 결과를 보게 된다. 처음에 품은 비전보다 훨씬 큰 성취를 이룩했다는 것을 깨닫게 된다.

"세상이 저에게 기회를 주지 않아요." 이렇게 말하는 사람은 자신의 어리석음을 드러낼 뿐이다. 세상은 우리에게 기회를 그냥 주지 않는다. 아프리카의 속담에 "신이 보내 주시는 기회도 잠들어 있는 자는 깨울 수 없다"는 말이 있다. 기회를 붙잡으려면 스스로 깨어서 준비해야 한다. 비전에 대해 깊이 생각하고 반복해서 읽으며 성찰하기를 바란다. 미래준비학교를 통해 많은 사람이 다시 일어나 희망을 설계하는 모습을 보면서, 이 책이 비전에 관한 완벽한 해법은 아니지만 잠들어 있는 영혼을 깨우는 데 도움이 될 것을 확신한다. 새로운 시작을 선언할 힘은 이미 당신 안에 있다.

비전, 그 깊은 데로 가라. 비전, 그 행복으로 가라. 현재의 위기, 미래에 대한 불안을 대하는 태도를 바꾸어 이기는 길을 선택하라. 먼저 가치 있는 시대적 소명을 구하겠다고 선언하고 자신을 믿고 행동하라.

비전을 세웠다면 아주 작은 일부터 시작하라. 비전을 나누고 함께 일하는 길을 선택하라. 당신에게는 여전히 가치 있는 일, 행복한 일, 위대한 일을 성취하기에 충분한 시간과 능력이 있다. 바로 지금부터 비전을 향한 새로운 도전을 시작하자.

서두르지 마라 Take a Time

멀리 보라 Foresee Futures

비전을 품어라 Make a Vision

계획을 짜라 Make a Plan

어떻게 일할지 훈련하고 생각하라 Train and Think about How To Work

작은 일을 소중하게 하라 Be Faithful with a Few Things

미주

1 통계청 비정규직 고용 동향 자료 기준
2 통계청 경제활동인구조사 자료 기준
3 "질 나쁜 일자리만 양산… 체감 청년 실업률은 20~30%", 조선일보, 2016.01.14
4 "체감 청년실업률 22.5%… 일자리 태부족, 54만 명 취업 포기", 머니투데이 2015.09.10
5 [탐사 기획] 거마 대학생 5,000명 '슬픈 동거'", 중앙일보 2011.9.20
6 통계청, 2015 고령자 통계
7 [일자리 찾는 5060①]내 나이가 어때서~ 다시 취업 전선으로", 위클리뉴시스, 2015.11.18
8 "우리나라 노인 빈곤율 OECD 1위…수입 순위는 꼴찌", 조선Biz, 2015.12.02
9 [희망 100세 시대] 베이비붐 세대 은퇴 후 소득 절반…60%는 적자", 아시아투데이, 2013.2.22
10 "美 청년고용률 55%…2차대전 후 최저", 매일경제, 2011.9.23
11 "10년 내 IT 정보량 50배 이상 는다", 디지털타임스, 2013.6.17
12 "디지털 데이터, 2020년이면 44조 기가바이트에 달할 것", IT데일리, 2014.4.10
13 "인공지능(AI), 법률서비스에 이미 등장", 법률신문, 2016.3.17
14 최윤식, 2030 대담한 미래(서울:지식노마드), pp. 28-30.
15 이안 로버트슨. 승자의 뇌. 이경식 역, (서울: 알에이치코리아, 2015).
16 "대졸 신입사원 25% 1년 내 퇴사…중소기업 퇴사율 대기업 3배", 이투데이, 2014.6.29
17 김연지, 체인지 그라운드, 지도 밖 길을 걷는 체인지 메이커 이야기. 잭 안드라카, 매슈 리사이크, 세상을 바꾼 십 대, 잭 안드라카 이야기, (서울: 알에이치코리아, 2015).
18 네이버 사전, 가치
19 "10년 내 '1인 1로봇시대'…휴머노이드가 당신 곁으로", 매일경제, 2015.6.5
20 [캠프스케치] '특강' 박찬호는 무엇을 이야기했을까?, 매경닷컴 MK스포츠 2016.1.24

21 [캠프스케치] '특강' 박찬호는 무엇을 이야기했을까?, 매경닷컴 MK스포츠 2016.1.24
22 "장학만의 글로벌 기업 속으로 – 3세기에 걸쳐 3번째 변신한 듀폰" 한국일보 2014.07.14
23 '2부작 김난도의 내:일' 1부(2013. 07. 04), 2부(2013. 07. 11), KBS 파노라마
24 오쿠야마 노리아키·이노우에 겐이치로, "스펙이라는 거짓말", (서울:새로운 현재), 2013년
25 정진홍, "인문의 숲에서 경영을 만나다", 21세기북스, 2007년
26 최윤식·배동철, "2030년 부의 미래지도"(서울:지식노마드), p. 239. 재인용, 2012년
27 실리콘밸리, 글로벌化·공유·스피드가 생존 좌우, 매일경제 2007.10.23

2030 대담한 도전
앞으로 20년, 세 번의 큰 기회가 온다

앞으로 20년 동안 전개될 미래 변화가 만들어내는 위기와 기회, 그리고 미래 전략

미래학자 최윤식의 4,000페이지에 달하는 미래 예측 시나리오 중에서 앞으로 20년간 만들어질 세 번의 큰 기회에 초점을 맞추어 미래의 기회를 잡을 전략 지도를 제시한다. 앞으로 5년 동안 닥칠 아시아 대위기(Part 1) 속에서 만들어질 기회, 2020년부터 10년간 벌어질 사상 최고의 부를 둘러싼 미래산업 전쟁(Part 2) 속에서 만들어질 기회, 인류의 생존을 위협하는 심각한 위협에 대한 도전과 응전(Part 3) 속에서 만들어질 기회의 예측 시나리오를 전개하고 대응 전략을 안내한다. 특히 이 책은 미래의 변화 속에서 승리할 수 있는 전략을 수립할 때 꼭 점검해야 할 중요한 이벤트와 변화를 만드는 패턴, 미래산업이 전개되는 타임라인(Futures Timeline Map; 미래지도)을 일목요연하게 정리하고, 미래전략을 수립할 때 반드시 고려해야 원칙과 판단의 기준을 제시하는 데 집중하고 있다.

2030 대담한 미래

한국과 아시아 대위기에 대한 미래예측 시나리오

2008년 미국에서 시작돼 여전히 전 세계를 불안하게 만들고 있는 글로벌 경제위기는 언제 끝날까? 그리고 이번 위기를 거치며 한국과 세계 판도는 어떻게 바뀔까? 미래학자 최윤식이 5년 동안의 변화를 연구한 결과를 종합해서 이 문제에 답한다.

1. 대한민국은 2017년말~2018년 초 금융위기를 거쳐 '한국판 잃어버린 10년'으로 간다.
2. 한국 대표 기업 삼성의 몰락이 5년 안에 시작될 것이다.
3. 중국은 40년 안에 미국을 따라잡기 어렵다.
   어쩌면 영원히 G1의 문턱을 넘지 못하고 쇠락할 수도 있다.
4. 경제 회복이 가시화되면서 시작될 미국의 반격에 지금부터 준비해야 한다.
5. 엔저라는 마지막 카드를 꺼내 든 아베노믹스의 일본은 시간을 늦출 수는 있지만, 결국 IMF 구제 금융을 피할 수 없을 것이다.

2030 대담한 미래2

미래의 기회와 전략적 승부

- 현재의 한계를 돌파할 새로운 탈출구를 찾고 싶은가?
- 미래 산업에서 성공하고 싶은가?
- 2020년 이후부터 시작될 전 세계 호황기에 이전의 5년과 앞으로 5년 동안 잃어버린 부를 되찾고 싶은가?

미래 산업 전쟁은 2020년~2030년 사이의 10년 동안에 승부가 결정된다. 이 전쟁에서 기선을 잡느냐 못 잡느냐에 따라서 선진 20개국의 순위가 바뀔 것이다. 임박한 아시아의 대위기와 미래 산업의 대변동을 통과하지 못하는 기업에게는 미래가 없을 것이다. 한국 30대 그룹 중 최소 절반은 순위에서 탈락할 것이다. 통신 3사 중 한 곳은 없어질 것이다. 삼성도 최대의 위기를 맞고 있다.

어떻게 준비해야 할까? 아시아 대표 미래학자 최윤식 한국뉴욕주립대 미래연구원 원장이 다가올 미래 산업 전쟁에서 승리하기 위한 전략적 통찰을 집약한 책.

thinking tool box
생각이 미래다

정보에서 지식을, 지식에서 지혜를
뽑아내는 미래학 방법론 안내

무인 달착륙선에서 사용할 깨지지 않는 전구 개발의 해답을 찾지 못하고 있던 나사의 연구원들에게 프로그램 총괄 책임자였던 바바킨 박사가 물었다. "겉을 싸고 있는 유리전구의 목적과 원리가 무엇인가?" 연구원들은 답했다. "필라멘트 주위를 진공 상태로 만들기 위함입니다." 바바킨 박사가 제안했다. "달은 이미 진공 상태이기 때문에 전구가 없는 필라멘트를 만들면 되지 않겠나." 바바킨 박사의 문제 해결 과정에서 과연 천재가 아니라면 도저히 생각할 수 없는 영감이 작용했는가? 아니다. 그들은 보는 방법, 생각하는 방법이 달랐을 뿐이다.

미래학자인 저자가 '창조성은 규칙과 습관의 산물'이라는 전제에서 출발해서 통찰력 넘치는 사람들의 생각하는 기술을 보통 사람들이 어떻게 이해하고 따라 배울 수 있는지를 알려준다. 사물을 잘 관찰하는 데서부터 시작해서, 통찰을 이끌어 내고, 그것을 집단적 통찰로 확대하고, 구체적인 성과로 연결시키는 방법을 5가지 생각의 도구로 정리하여 소개한다.